PATERNIDAD ESPIRITUAL

PATERNIDAD ESPIRITUAL

El destino de su vida sobre los lomos de su padre

Rvdo. Edwin Santiago

Vida

Dedicados a la excelencia

Publicado por Editorial Vida
Miami, Florida

© 2006 por Edwin Santiago

Edición: *Gisela Sawin*

Diseño interior: *Grupo Nivel Uno, Inc.*

Diseño de cubierta: *Grupo Nivel Uno, Inc.*

Reservados todos los derechos

ISBN: 0-8297-4573-4

Categoría: Vida cristiana / Vida espiritual / General

Impreso en Estados Unidos de América
Printed in the United States of America

06 07 08 09 10 ❖ 9 8 7 6 5 4 3

Contenido

PATERNIDAD ESPIRITUAL

Prólogo

Un corazón paternal

La primera vez que escuché al pastor Edwin Santiago predicar sobre la paternidad espiritual estábamos en la República Dominicana, durante la primera conferencia de «Rompiendo los Límites» en esa hermosa nación. La exposición de la Palabra produjo una reacción impresionante en los que estábamos allí presentes. Era evidente que Dios honraba aquella palabra con una ola de sanidades, reconciliación y conexión espiritual entre pastores y líderes de apoyo.

Aquella manifestación de gracia que presenciamos en aquel poderoso servicio no nos extrañaba a los que hemos sido bendecidos por el ministerio del apóstol Edwin Santiago. La impartición que allí hubo no fue el esfuerzo de preparar un mensaje para un evento; sino la exposición de un corazón paternal que ha entendido una de las grandes necesidades de la iglesia del Siglo 21.

La efectividad de este libro ya ha sido probada por medio de la palabra predicada en cientos de hombres y mujeres que han alineado sus vidas al propósito del Padre, renunciando a sus propias agendas personales y disponiendo sus vidas para ser hijos de la casa.

Ahora, por medio de este excelente libro, estoy seguro que su vida será impactada como lo fue la mía en la Republica Dominicana. Permita que la revelación de este mensaje trate con cada área de su vida, sane sus más profundas heridas, lo reafirme como hijo de la casa y lo equipe para servir con un espíritu de excelencia.

Gracias, Apóstol Edwin, por ser un ejemplo de paternidad saludable al cuerpo de Cristo.

En él,

Pastor Tommy Moya
Centro Cristiano Restauración
Orlando, FL

INTRODUCCIÓN

Desde la antigüedad, la iglesia ha sido dirigida por un sistema de gobierno que cada congregación selecciona a través de sus líderes y denominaciones. El uso y abuso de ese sistema ha dañado tanto a miembros como a pastores, lastimando su corazón y alejándolos de una relación paternal establecida por Dios.

El propósito de este libro es unir el corazón de los pastores y de los miembros de la iglesia a través de la revelación de la paternidad espiritual. En este tiempo, Dios está despertando a la iglesia a la realidad del propósito para el que fue llamada, a través de una visión estratégica. Por lo tanto, este libro llevará al liderazgo un mensaje de revelación y restauración.

Este es el tiempo en el que Dios está tratando de unirnos como familia. Él desea establecer la casa familiar con la autoridad del pastor como padre; y, a los miembros, como hijos. El problema de la iglesia es que hay muchos miembros y pocos hijos; hay pastores y, no padres.

El pastor es el padre de la casa y, a menos que lo reconozca como tal, usted estará huyendo de la unción y del destino que Dios tiene para su vida.

El hombre de Dios no es solamente una figura dentro de la iglesia, sino alguien importante para el destino de su vida. Por lo tanto, hay que honrarlo y cuidarlo, porque en la boca de ese hombre está la transición de su destino.

Oramos para que la lectura de este libro traiga revelación, equilibrio y balance, de manera que el lector pueda entender el concepto de autoridad espiritual delegada en los pastores y en la congregación.

Rdo. Edwin Santiago
West Palm Beach, Fl

EL DESAFÍO DE UN NUEVO TIEMPO

CAPÍTULO 1

EL DESAFÍO DE UN NUEVO TIEMPO

«Al oír que Dios le hablaba, Abram cayó rostro en tierra,
y Dios continuó: Éste es el pacto que establezco contigo:
Tú serás el padre de una multitud de naciones.
Ya no te llamarás Abram, sino que de ahora en adelante
tu nombre será Abraham, porque te he confirmado
como padre de una multitud de naciones. Te haré tan
fecundo que de ti saldrán reyes y naciones.
Estableceré mi pacto contigo y con tu descendencia,
como pacto perpetuo, por todas las generaciones.
Yo seré tu Dios, y el Dios de tus descendientes».

GÉNESIS 17:3-7

Planificar es una de las actividades que más le cuesta a los seres humanos. Generalmente, la gente compra toda clase de libros que la instruye para lograr organizar su actividad. Sin embargo, este no es un conflicto para Dios, porque él es

Señor de propósitos. Él planifica todas las cosas y nada hace sin razón. Detrás de cada acción hay un propósito. Dios se mueve en lo sobrenatural con propósitos eternos para hacer cosas que sean de bendición, conforme a lo que ha planificado. Para ello es importante determinar cuál es el plan y el objetivo que Dios quiere establecer en nuestra vida. Al descubrirlos, caminaremos de triunfo en triunfo.

Estoy convencido de que esta generación es especial para el Señor. Me refiero a los integrantes de la iglesia de este tiempo, a usted y a mí. No es que seamos mejores que otras generaciones, sino especiales delante de Dios, porque esta generación cambiará el curso de la historia. En este tiempo, la iglesia se levantará como un poderoso gigante sobre la faz de la tierra.

Dios hará sentir su voz y se estremecerán los cimientos de nuestras sociedades y nuestro mundo, a través de la Palabra poderosa predicada por la iglesia, que está despertando a la realidad del propósito de Dios en este tiempo. Nosotros no formamos parte de la Iglesia de Cristo por casualidad o por accidente, sino porque Dios quiso que fuéramos parte de la avanzada que tiene preparada para esta hora. Durante años se hablará de este periodo de la historia, y dirán que la generación del siglo XXI marcó el comienzo de un cambio radical y poderoso en el mundo. Si Dios nos envía, no lo hará con las manos vacías, sin recursos. Él pensó eternamente en usted e hizo provisión para que lograra la comisión encomendada.

Para comenzar a entender la visión profética de Dios para esta era, como siervos de Dios, es necesario que interpretemos el tiempo que estamos viviendo. El Señor no vendrá a buscar una iglesia que vive en derrota y mediocridad, sino una Iglesia que vive en triunfo y en victoria. Por lo tanto, Dios nos anima a desarrollar algunas áreas fundamentales para lograr tal propósito y, así, comprender la dimensión que él espera que alcancemos.

Dios quiere que usted, como parte de su iglesia, despierte a estas realidades, para que asuma el rol que le ha dado en este tiempo:

1. Descubra su propósito

Dios planificó todas las cosas y, por lo tanto, detrás de cada acción hay una finalidad. Dios se mueve en lo sobrenatural con propósitos eternos, para hacer cosas que sean de bendición, conforme a lo que él ha planificado. Para ello, es importante determinar cuál es el plan y el objetivo que Dios quiere establecer en su vida.

El día más importante de su vida fue cuando usted nació. El segundo día más importante será cuando usted logre entender el propósito eterno especial de Dios para su vida. En su sabiduría eterna, Dios planificó un objetivo específico y, para ello, pensó en usted.

Esta generación necesita ser parte de un propósito. Si usted no murió cuando participó de aquel accidente o cuando estuvo gravemente enfermo; si pudo sobrevivir a una niñez terrible, es porque hay un propósito para su vida en la mente de Dios. Él lo preservó, porque tiene un plan especial para usted, que debe cumplir.

2. Despierte a una visión estratégica

Dios está despertando a su iglesia a una visión estratégica. Usted ya no debe estar concentrado en las limitaciones externas, porque Dios le entregó una visión interna y él es poderoso para cumplir lo que dijo que haría.

Su ciudad no dictará su victoria. Tampoco lo hará la economía de su país. Dios le dará una visión estratégica para alcanzar la victoria, pero no debe limitarse por lo que ve; él movilizará a los ángeles y enviará recursos del cielo. La visión estratégica de Dios te hace pensar que se pueden lograr grandes cosas en lugares pequeños. Él tomó lo menospreciado y lo vil, para avergonzar a lo que es.

3. Pelee por una causa apasionada

Tiene que haber un motivo, una causa más allá, que simplemente cantar y escuchar la Palabra. Dios está despertando a la iglesia a una causa apasionada. Usted ya no debe pelear más batallas que no tengan despojo. No debe gastar sus recursos, sus talentos y sus fuerzas en luchas que no tienen recompensas. Descubra la causa apasionada y, cuando la encuentre, tendrá un motivo para hacer las cosas. Peleará con tesón, cuando haya un botín detrás de esa batalla.

Antes de que el rey David luchara contra Goliat, preguntó: «¿Qué dicen que le darán a quien mate a ese filisteo y salve así el honor de Israel?» (1 Samuel 17:26).

David no pelearía por una causa que no tuviera recompensa, que no tuviera botín. La Iglesia no debe batallar sin una causa. Detrás de toda lucha debe haber una motivación para hacerlo. Cuando vamos a pelear, debemos saber que despojaremos al enemigo, al reino de las tinieblas. Dios tiene una estrategia para lograr este propósito y despertar a la iglesia a este fundamento, a esta realidad.

4. Despertar el sentido familiar en la iglesia

Dios quiere que su iglesia avance y crezca; pero no podrá entender su propósito, recibir una visión estratégica ni pelear por una causa apasionada, si primero no reconoce que debe ser una familia. Ese es el paso inicial y fundamental. Nunca llegaremos a ser una nación si primero no somos una familia.

El deseo de Dios es hacer de su iglesia una gran nación. Cuando el pueblo de Israel entró a Egipto, lo hizo siendo una familia; pero, en el tiempo que caminaron por el desierto, fueron transformados, hasta que salieron de ese lugar como una nación.

Para llegar al propósito de Dios como nación, es necesario que nos reconozcamos como familia. Dios le ha dado padres terrenales y, también, padres espirituales; ellos serán quienes le transferirán la unción que necesita para ministrar. La unción para vivir la vida cristiana es la capacitación sobrenatural de Dios para hacer lo que él mandó que hagamos. Pero hay una unción particular que responde a cada llamado y que lo identifica.

En los tiempos bíblicos, ningún hijo podía desasociarse de su padre, porque en los lomos de ese hombre se encontraba la herencia y el destino de sus hijos. Cuando Jacob estaba muriendo, sus hijos se acercaron al lecho y buscaron su destino. La Palabra relata que Jacob se incorporó en la fuerza, levantó la cabeza, lo tomó el espíritu profético, y empezó a declarar el destino de sus hijos (Génesis 49).

Generalmente, al pastor no le cuesta identificarse como un padre de la congregación; sin embargo, a los miembros, sí, verse como hijos. Por eso hay tantos problemas en este tiempo. Hay muchos miembros y pocos hijos. Si hubiera más hijos y menos miembros, estaríamos fluyendo en lo que Dios quiere hacer hoy. Cuando los hijos siguen a su padre espiritual, la unción cae sobre ellos y se cumple su destino profético. El propósito de su vida está encerrado en la palabra que su padre espiritual declare sobre usted.

Palabra profética para un nuevo tiempo

El ministerio profético de Elías se caracterizaba por convicción y restauración. En este tiempo, Dios está usando dicho ministerio para convencer y restaurar a esta generación y hacernos regresar a una relación paternal. El profeta Malaquías dijo, por el Espíritu:

«He aquí, yo envío al profeta Elías, antes que venga el día de Jehová, grande y terrible. "El hará volver el corazón de los Padres hacia los hijos, y el corazón de los hijos hacia los padres, no sea que yo venga y hiera la tierra con maldición"».

MALAQUÍAS 4:5-6 RV60

Dios me entregó una palabra profética para este tiempo y deseo que usted la conozca y la acepte para su vida:

¡Prepárese! Dios multiplicará la provisión, la bendición, la gracia y el favor sobre su vida. La visitación del Espíritu Santo reposará sobre usted como nunca antes. La gloria postrera será mayor que la primera. Nunca antes experimentó lo que próximamente llegará. Dios comenzará a moverse en una nueva dimensión de bendición, donde usted nunca antes había entrado.

La iglesia de este tiempo será mayor que en otros tiempos. Muchos ministerios saldrán del anonimato y entrarán a una gran exposición delante del público, porque Dios derramará gracia sobre sus manos. De ahora en adelante, cada vez que imponga las manos sobre una persona, milagros comenzarán a ocurrir, maravillas van a empezar a suceder. Sacúdase de lo *viejo y comience a moverse en una nueva dimensión, donde hay bendiciones como nunca antes, y no hay límite. Multiplicará misericordia sobre su vida y ministerio, bendiciones renovadas. Comience a pensar con la mentalidad de Dios. Este es tiempo de nuevos comienzos.*

Esta palabra es para los que Dios convenza y restaure a esta relación familiar en la iglesia. El ministerio profético que se levante en este tiempo para desunir el corazón de los pastores con los hijos de la casa es un ministerio falso. El verdadero ministerio de convicción y restauración profética unirá el corazón de los padres con los hijos, y el de los hijos con los padres.

Capítulo 2

Transferencia de unción

Capítulo 2

Transferencia de unción

A lo largo de tantos viajes por el mundo evidencié en muchas congregaciones, un gran error: han percibido al pastor como un empleado y no como un padre. El pastor es el padre de la casa y, a menos que lo reconozca como tal, usted estará huyendo de la unción y del destino que Dios tiene para su vida.

Es irrespetuoso tratar al «padre de la casa» como si fuera un empleado de la iglesia. En los tiempos antiguos, los hijos honraban al padre, lo seguían y se sometían a él. Muchos creen que para que pueda haber transferencia de unción, el pastor de la iglesia debe morir. Otros esperan que se vaya, para quedarse en su lugar. Pero usted, hoy, puede recibir de su padre la unción y gracia que Dios le ha dado y operar bajo ella, aun sin que este tenga que morir o renunciar.

Algunas personas creen que ser un hijo en la casa de su padre espiritual es un hecho político o de favoritismo, pero a los hijos se les conoce porque siguen a su padre. Jesús dijo: «Venid en pos de mí y os haré pescadores de hombres». Usted no puede influenciar a alguien que no lo está siguiendo.

Me asombra pensar que hay quienes creen que, por visitar la casa del siervo de Dios y tomar café con él, recibirán su unción. Es necesario que sepa que a su pastor le costó mucho tener la unción; seguramente, debió pasar por el calvario, por la sepultura, y, al tercer día, levantarse en la unción que Dios le ha dado. Usted también tendrá que pasar por ese proceso para convertirse en un hijo y recibir la unción. Ella desciende de la cabeza. Si usted no tiene un padre que se la transfiera, su unción es ilegítima, no es verdadera. En las iglesias hay muchos hijos sin padre espiritual. Dios no llamó a los líderes para que sean miembros de una congregación, sino para que sean «hijos» en esa congregación. Dios ha puesto un padre dentro de su iglesia, y a ese hombre hay que honrarlo como tal. A menos que usted se convierta en hijo, no podrá recibir lo que Dios tiene para su vida.

Un hijo no puede divorciarse de sus padres. En este tiempo ha habido personas que quisieron separarse de su padre espiritual porque han visto muchos defectos en el hombre de Dios. Pero... ¿dejó usted de amar a su padre terrenal porque tenía defectos? ¿No ama usted a su madre, aun cuando conoce que no es perfecta? El amor cubre multitud de pecados. El verdadero problema es que no podemos percibir la importancia de esta relación, de este vínculo espiritual.

Eliseo no hubiera podido recibir lo que Dios tenía para su vida, a través de Elías, si no hubiera entendido que él era su padre, y si no hubiera pasado por un proceso.

Transferencia al hijo

«Al cruzar, Elías le preguntó a Eliseo: ¿Qué quieres que haga por ti antes de que me separen de tu lado? Te pido que sea yo el heredero de tu espíritu por partida doble, respondió Eliseo. Has pedido algo difícil, le dijo Elías, pero si logras verme cuando me separen de tu lado, te será concedido; de lo contrario, no. Iban caminando y conversando cuando, de pronto, los separó un carro de fuego con caballos de fuego, y Elías subió al cielo en medio de un torbellino. Eliseo, viendo lo que pasaba, se puso a gritar: "¡Padre mío, padre mío, carro y fuerza conductora de Israel!" Pero no volvió a verlo. Entonces agarró su ropa y la rasgó en dos. Luego recogió el manto que se le había caído a Elías y, regresando a la orilla del Jordán, golpeó el agua con el manto y exclamó: "¿Dónde está el Señor, el Dios de Elías?" En cuanto golpeó el agua, el río se partió en dos, y Eliseo cruzó. Los profetas de Jericó, al verlo, exclamaron: "¡El espíritu de Elías se ha posado sobre Eliseo!" Entonces fueron a su encuentro y se postraron ante él, rostro en tierra».

2 Reyes 2: 9-15

Eliseo era un hombre de éxito, aunque otro llevaba su destino en los lomos. Elías era quien tenía la unción que luego Eliseo recibiría como herencia. El relato bíblico evidencia que la unción de Elías debía ser transferida a Eliseo, que le había pedido la herencia de primogénito, ya que el pueblo de Israel entendía que la doble porción de aquella le correspondía al primero de los hijos. Por lo tanto, solamente aquel que calificaba como tal podía recibir una doble porción.

Un hombre de Dios no puede llegar a la realización de su destino hasta que no experimente una transferencia de unción. Algunos creen que hay unciones nuevas, originales; pero, en verdad, solamente hay unciones transferibles. Un hombre no puede recibir su destino, a menos que reconozca a su pastor como padre y le sea transferida la unción.

Eliseo recibió el propósito y el destino para su vida porque estuvo dispuesto a seguir al siervo de Dios. Si así no hubiera sido, lo que Dios tenía para él se lo hubiera dado a otro.

De acuerdo con el relato bíblico, cuando Elías se estaba yendo, Eliseo lo llamó: «Padre mío, padre mío». Ese fue el momento de la transferencia. Antes de este evento, solía llamarlo «Señor»; pero, en el momento preciso de la transición, comenzó a llamarlo «Padre».

Un hombre no puede operar en la unción recibida, a menos que sea un hijo. No había manera en que Eliseo pudiera tomar el manto y usarlo efectivamente, si primero no era un «hijo».

Dios le había dicho a Elías que tenía que buscar un sucesor, y fue donde estaba Eliseo arando, junto a once hombres más, con sus yuntas de bueyes; pero él era el último. Cuando el profeta pasó cerca, tiró sobre él su manto; la unción tocó el espíritu de Eliseo y este quedó aprehendido. Jamás volvió a ser el mismo.

Cuando la unción lo toca es con un propósito. Eliseo seguía a once agricultores más en la tarea, él era el último. Esto significaba hacer lo que los primeros estaban haciendo. Mucha gente se conforma con ser una copia de otra persona, con imitar a otros; pero cuando Dios quiere sacarlo de lo ordinario, le da un toque de su unción para entregarle lo extraordinario y único. Eliseo saltó la cerca y comenzó a seguir a Elías. Usted también tiene la responsabilidad de responder saltando la cerca de sus limitaciones.

Eliseo siguió a Elías, hasta que él, en un momento determinado le preguntó: «¿Qué es lo que tú quieres?», y Eliseo respondió: «Quiero ser el heredero de tu espíritu por partida doble». Mientras Elías era levantado, Eliseo rompió, rasgó sus vestidos en dos partes. Luego, alzó el manto que se le había caído a Elías y se detuvo a orillas del Jordán, golpeó las aguas y dijo: «¿Dónde está Jehová el Dios de Elías?». En ese instante las aguas se apartaron a uno y otro lado, y Eliseo cruzó. Al ver ese milagro los hijos de los profetas dijeron: «El Espíritu de Elías reposó sobre Eliseo». La fidelidad de Eliseo permitió que la transferencia de unción de Elías fuera hecha.

Hoy, muchos están golpeando las aguas con el manto que robaron, al no someterse a la autoridad del padre de la casa; y, por eso, nada ocurre, porque no hay unción sobrenatural sobre su vida. Solamente los hijos tienen la autorización de actuar en la unción de su padre. Ninguna otra persona puede entregarle la herencia que su padre le puede dejar. Eliseo recibió la unción de su padre porque estuvo dispuesto a seguir a su líder hasta convertirse en un hijo.

Pero Elías no solamente le transfirió a Eliseo la bendición, sino también, el destino que estaba sobre sus hombros. Le transmitió la unción, la gracia y el espíritu depositados en él. Esto fue el resultado de haber pasado por el proceso para llegar a ser un hijo legítimo.

El hombre de Dios no es solamente una figura dentro de la iglesia, sino alguien importante para su destino y para su vida. Por lo tanto, hay que honrarlo y cuidarlo, porque en la boca de ese hombre está la clave de su destino.

DISPUESTOS A SER HIJOS

Para convertirse en hijo es necesario entrar en el proceso de Dios. Eliseo tuvo que pasar por él para no ser solamente un esclavo o un servidor. Siguió fielmente a Elías en cada uno de los procesos que debían atravesar, y constantemente fue desafiado por su mismo líder a abandonar su posición. En cada una de las dimensiones donde caminaremos para convertirnos en verdaderos hijos seremos desafiados a abandonar lo que estamos haciendo; pero continuar es el único camino para alcanzar la transferencia de nuestra herencia. Si abandonamos, seguramente no recibiremos lo que puede ser nuestro. La Biblia dice:

> *«Porque nosotros no somos de los que retroceden ... sino de los que tienen fe».*
>
> HEBREOS 10:39 RV60

También, añade:

> *«No nos cansemos de hacer el bien, porque a su debido tiempo cosecharemos si no nos damos por vencidos».*
>
> GÁLATAS 6:9

Si usted quiere ser hijo, tiene que pasar por un proceso que estudiaremos a lo largo de este libro: el de la paternidad espiritual. La responsabilidad del líder espiritual es poder transferir a los hijos de la casa lo que Dios le está dando. El plan de Dios para nuestra vida es que podamos constituir hijos y transferir la unción para que ellos puedan seguir adelante. Usted puede tener éxito en su ministerio y fracasar dentro del plan de Dios. Eliseo tuvo éxito en su ministerio pero, no logró hacer la transferencia, al no encontrar un recipiente en quien depositar lo que tenía. La unción de Elías fue transferida a Eliseo y tuvo un ministerio exitoso, pero este no pudo continuar la transferencia hacia otra persona. Aunque supo tomar su lugar de hijo, no logró que su siervo Guiezi aceptara el desafío.

La unción que reposaba sobre la vida de Eliseo nunca fue transferida y se fue con él a su sepultura. Sin embargo, sus huesos estaban tan ungidos que cuando tiraron un muerto sobre su tumba, este revivió.

> «Después de esto, Eliseo murió y fue sepultado. Cada año, bandas de guerrilleros moabitas invadían el país. En cierta ocasión, unos israelitas iban a enterrar a un muerto, pero de pronto vieron a esas bandas y echaron el cadáver en la tumba de Eliseo. Cuando el cadáver tocó los huesos de Eliseo, ¡el hombre recobró la vida y se puso de pie!».
>
> 2 REYES 13:20-21

La transferencia no se llevó a cabo en este caso porque su criado no estuvo dispuesto a ser un hijo, y la unción se quedó en los huesos del profeta. Eliseo no tuvo la culpa de este fracaso porque él fue un buen ejemplo para su siervo, pero este nunca tuvo el corazón de Eliseo para poder seguir el ministerio. Sus enseñanzas pueden ser buenas, pero si usted no puede continuarlas a través de sus hijos espirituales, de nada valen.

Eliseo tenía un hombre cerca, un siervo, que nunca tuvo su espíritu, nunca estuvo dispuesto a hacer lo que Eliseo hizo. Usted puede levantar el manto, pero la unción no va a operar, a menos que haga lo que él hizo: rasgó sus vestiduras. Debe estar dispuesto a vaciarse de usted mismo para ser igual que su padre. Pablo decía: «Sed imitadores de mí, como yo de Cristo».

Muchos pueden seguir al siervo por la influencia que puede tener su posición, por la ganancia personal de estar cerca de él, sin embargo, los verdaderos hijos deben estar dispuestos a rasgar sus vestiduras, como lo hizo Eliseo, y a despojarse de sí mismos, para recibir del Espíritu que está sobre su padre. Una vez que lo hizo, entonces tomó el manto. Esto manifestaba que Eliseo estaba dispuesto a seguir e imitar al hombre de Dios.

¿Está usted listo para despojarse de sí mismo y recibir el manto ungido de su padre espiritual?

¿Está usted dispuesto a pasar por el proceso de preparación para dejar de ser un siervo y empezar a ser un hijo?

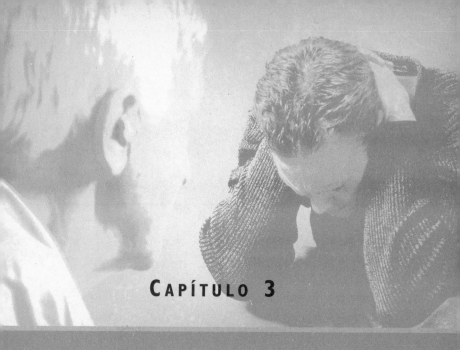

UNA VISIÓN ETERNA

Capítulo 3

Una visión eterna

«¿Qué provecho saca quien trabaja, de tanto afanarse?
He visto la tarea que Dios ha impuesto al género humano
para abrumarlo con ella. Dios hizo todo hermoso en su
momento, y puso en la mente humana el sentido del
tiempo, aun cuando el hombre no alcanza a comprender
la obra que Dios realiza de principio a fin».

Eclesiastés 3:9-11

La visión es eternidad dentro de usted. Cuando Dios lo rescató, puso una visión en su vida y, si observa a través del lente de Dios, podrá entender para qué fue creado. La visión que está guardada y grabada en su corazón no morirá cuando usted lo haga; no se detendrá cuando usted se vaya con el Señor.

Dios solamente le ha permitido ver un pedazo de lo que él ya hizo. Ahora le toca a usted realizarlo, porque cuando Dios comienza algo es porque ya lo ha terminado. Cuando él le da una visión, le muestra su responsabilidad dentro de la visión eterna que ya comenzó y terminó.

Lo que Dios empezó, lo preparó para hombres que iban a iniciarlo. Después, lo continuó con otros que ya tenía dispuestos para seguir. Pero llega el momento en el que usted entra en escena y descubre que la visión es grande; sin embargo, está mirando solamente una parte de todo lo que Dios ha planeado. Por esa razón, no podemos exaltarnos por lo que hacemos en nuestra misión, porque uno siembra y otro cosecha. Porque antes de gloriarnos, debemos pensar primero en los que se han anticipado en este recorrido, aquellos que corrieron más fuerte que nosotros. Esta es una carrera de relevo, de equipo. Cuando Dios sembró la visión, lo creó a usted para que fuera uno de los atletas de esa gran carrera.

Aunque intelectualmente, tal vez, no pueda interpretarlo, su espíritu entenderá el plan completo. Por eso, hay momentos en los que Dios abre una puerta que estaba cerrada, y su espíritu comprende la razón. Esa puerta tiene un significado eterno dentro del plan que Dios tenía.

Al aceptar el proyecto eterno de Dios dentro de mí, sé que soy uno de los corredores y que esa puerta, tal vez, no tiene que ver conmigo, ahora; pero, sí, con el próximo que va a correr esta carrera. El crédito es para el que creó el plan, para el que lo hizo desde el principio y lo terminó. Él nos dio todos los recursos para que pudiéramos finalizarlo. En este tiempo, estamos jugando un papel importante como líderes y pastores.

Dios quiere depositar en usted todo lo que planificó para que pudiera correr bien su carrera, y que nada le falte.

Su responsabilidad es descubrir dónde están los recursos, y quién va a correr después de usted.

David es un vivo ejemplo de esta verdad, pues, sabiendo que Salomón habría de seguir con la visión después de él, lo instruyó, diciendo:

> «He aquí, yo con grandes esfuerzos he preparado para la casa de Jehová cien mil talentos de oro, y un millón de talentos de plata, y bronce y hierro sin medida, porque es mucho. Asimismo he preparado madera y piedra, a lo cual tú añadirás».
>
> I CRÓNICAS 22:14, RV60

David habla aquí del esfuerzo que puso en la transferencia de la visión a su hijo Salomón. La responsabilidad de este era añadir a la visión ya comenzada, y al esfuerzo de su padre. Por eso David dijo: «Tú añadirás».

LA CARRERA NO ACABA CON USTED

> «Vi a un hombre solitario, sin hijos ni hermanos, y que nunca dejaba de afanarse; ¡jamás le parecían demasiadas sus riquezas! "¿Para quién trabajo tanto, y me abstengo de las cosas buenas?", se preguntó. ¡También esto es absurdo, y una penosa tarea!».
>
> ECLESIASTÉS 4:8

Hay personas que trabajan para levantar imperios y reinos, para levantar ministerios, pero nunca descubrieron que lo que Dios les mostró fue eternidad.

Si usted empezó a correr la carrera y pensó que jamás tendría que pasarle el bastón a nadie, sino que usted finalizaría, está equivocado. La carrera va a continuar; lo importante es que usted tenga sucesores, hijos a quienes transferirles la herencia. La parte más difícil en una carrera de relevo es el traspaso del bastón: es ahí donde generalmente se pierde.

La gran tristeza de los multimillonarios del mundo entero sin hijos ni familia es saber que no tienen a quién dejarle lo obtenido con su trabajo y esfuerzo. Finalmente, al morir, dan en su testamento todo lo que poseen a instituciones de beneficencia.

Dios estableció un padre de la casa sobre el que reposa la responsabilidad. Él quiere que usted delegue esa herencia en hijos que continúen con el propósito eterno de Dios. Transfiera la unción a aquellos que hayan corrido con usted la gran carrera, a quienes les haya dado el fervor y el propósito del plan eterno de Dios. No permita que la unción que fue depositada sobre su vida se vaya con usted a la tumba, sino que siga cumpliendo, así, el plan eterno de Dios.

SUCESIÓN PLANIFICADA

«Hablé acerca de todas las cosas que Jesús comenzó a hacer».

HECHOS 1:1 RV60

Jesús comenzó parte del plan, pero no lo terminó. Quiero que me interprete bien. Desde la perspectiva teológica, cuando Jesús dijo: «Consumado es», expresaba la finalización del plan de redención; pero, no, del plan eterno. La expresión «consumado es» significaba que ya no había que hacer más sacrificios, que el precio había sido pagado. Nadie más tenía que morir en una cruz para redimir los pecados de la humanidad.

Nuestro Señor Jesús comenzó algo, y nosotros caminamos en lo que inició. Él vino con la bendición del Padre, lleno de gracia y de poder; por espacio de tres años, ministró a doce hombres; y, específicamente, concentró, en tres, todo lo que tenía en el corazón. Jesús sabía que había comenzado algo que no iba a terminar con él, sino que debía transferir a otros lo que el Padre le había dado: «*Como el Padre me envió a mí, así yo los envío a ustedes*» (Juan 20:21).

No podía enviarlos con las manos vacías, ellos necesitarían el depósito de lo que él tenía. Jesús se concentró y condensó en el corazón de sus seguidores. Sus mejores mensajes no fueron predicados a las multitudes, sino en privado, a su grupo. Les inyectó la visión, el plan, pero también les transfirió la gracia, la bendición y el poder para lograr la misión, en su tiempo.

Estados Unidos ha copiado ese sistema. América Corporativa llama a eso sucesión planificada. Ellos no lo inventaron, lo tomaron del modelo de Jesús. La sucesión planificada explica que no necesariamente la persona tiene que morir para encontrar un sucesor. Usted tiene que buscar corporativamente líderes donde vaciar lo que tiene y que ellos puedan hacer lo que usted está haciendo, para que la corporación se haga más grande. América Corporativa se ha dado cuenta de que, si corre con un solo hombre, no llegará a ningún sitio. Entonces, les ha dicho a sus gerentes: «Váciense en otros. Multiplíquense y busquen personas que entiendan por qué han recibido todo lo que ustedes tienen, y que sepan lo que tienen que hacer». Si no planificamos y buscamos personas que puedan correr junto a nosotros con la visión que Dios nos ha dado, lo que tenemos se va a estancar. Por esa razón, Dios desea que usted pase esa herencia a sus hijos.

Tenemos que pensar como Dios piensa. Tenemos que saber que cuando él quiere transferir bendición y gloria, lo hará a través de un sucesor. Es necesario interpretar que Dios desea restaurar a la iglesia como una familia: que sus miembros comiencen a ver al pastor como su padre; que este empiece a visualizarse como el padre de la casa y, no, como un empleado de la iglesia.

El pacto que Dios ha hecho no es con usted, nada más, porque nuestro Dios es generacional. Él hizo un pacto con Abraham y con su descendencia. Dios le dijo: «Yo te voy a multiplicar, pero de ti van a salir reyes. Yo te voy a multiplicar, pero seré el Dios de tu descendencia. Yo te voy a multiplicar, pero seré el Dios de tus hijos. Ellos no estarán con las manos vacías, porque yo te bendeciré».

Dicho de otra manera, los hijos serán los herederos de todo lo que les hemos legado, y continuarán, en forma progresiva, hacia el propósito de Dios.

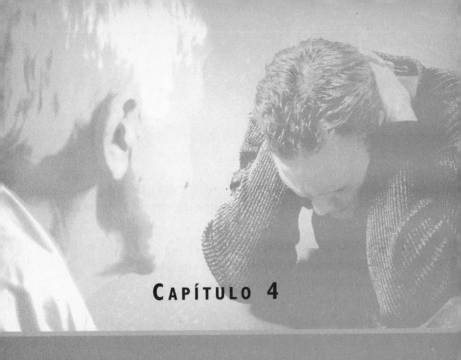

Capítulo 4

Hijos del propósito

CAPÍTULO 4

HIJOS DEL PROPÓSITO

«Yo les mostraré mi favor. Yo los haré fecundos.
Los multiplicaré, y mantendré mi pacto con ustedes.
Todavía estarán comiendo de la cosecha del año anterior
cuando tendrán que sacarla para dar lugar a la nueva.
Estableceré mi morada en medio de ustedes, y no los
aborreceré. Caminaré entre ustedes. Yo seré su Dios,
y ustedes serán mi pueblo. Yo soy el Señor su Dios,
que los saqué de Egipto para que dejaran de
ser esclavos. Yo rompí las coyundas de su yugo
y los hice caminar con la cabeza erguida».

LEVÍTICO 26:9-13

Dentro de lo que Dios quiere hacer con nosotros, hay un factor importante que tenemos que entender y es una Palabra de Reino; ya no buscamos promesas, sino una herencia que Dios nos quiere entregar. El Señor empezará a dejarla en las manos de sus siervos, a causa del pacto: Yo *les mostraré mi favor. Yo los haré fecundos. Los multiplicaré, y mantendré mi pacto con ustedes.*

El proceso de multiplicación necesita crecimiento y desarrollo. En otras palabras, Dios le estaba diciendo al pueblo que tenía que desarrollarse, acrecentarse, porque él se encargaría de extender sobre ellos las demás bendiciones.

Al igual que un niño que ha recibido una herencia, no podemos operar en la nuestra, hasta que no estemos completamente desarrollados y maduros para tomar posesión sobre los bienes que fueron concedidos.

> *«En otras palabras, mientras el heredero es menor de edad, en nada se diferencia de un esclavo, a pesar de ser dueño de todo. Al contrario, está bajo el cuidado de tutores y administradores hasta la fecha fijada por su padre».*

GÁLATAS 4:1-2

La herencia es suya, ya le ha sido concedida. El problema es que, mientras usted es niño, está en preparación para manejarla, se encuentra bajo tutores que lo están entrenando y organizando en el proceso de madurez.

El objetivo de Dios es llevarlo al lugar propicio para entregarle su herencia. Ya no reclame la promesa de ella, sino la herencia que ya le ha sido concedida. Una vez que haya madurado, podrá ingresar a los niveles de los cuales Dios le ha hablado desde hace años. La diferencia entre promesa y cumplimiento es el desarrollo. Él lo ha estado preparando para manejar su herencia. Él lo ha estado cuidando para llevarlo al nivel de su herencia.

Hay varios principios de la vida natural que son un paralelismo de la vida espiritual. El desarrollo de un niño depende de varios aspectos: físico, espiritual, social y emocional. El período de crecimiento va desde el desarrollo de un niño vulnerable y necesitado, hasta una persona con habilidades intelectuales y sociales que lo capacitan para sostenerse a sí mismo.

De la misma manera, el desarrollo de un líder está profundamente relacionado con la vida del niño y luego del hombre.

En el libro de Lucas, capítulo 15, encontramos las famosas tres parábolas que Jesús enseñó: la oveja perdida, la moneda perdida y el hijo pródigo. Estos relatos fueron emitidos en respuesta a los fariseos y a sus murmuraciones sobre Jesús, quien constantemente expresaba la importancia que tienen los perdidos para Dios. Pero, al mismo tiempo, estas tres parábolas nos dan un aspecto de desarrollo en la vida de un líder.

DESARROLLAR EL CARÁCTER

Ningún líder puede alcanzar su herencia, si primero no es una oveja. Ninguna persona puede ser un buen líder, si primero no fue una buena oveja. Ningún pastor puede ser buen pastor, si primero no fue una buena oveja. Todo cristiano debe comenzar siendo oveja, porque hay lecciones que tiene que aprender desde ese lugar, para poder recibir lo que el Señor quiere darle.

Hay ovejas que patean, muerden y siempre están extraviadas de la manada; no saben seguir a nadie, no escuchan la voz del pastor. En ese tiempo de oveja es cuando comienza a desarrollarse el carácter y el sometimiento. Allí es donde uno aprende a servir y a recibir instrucciones.

«El portero le abre la puerta, y las ovejas oyen su voz. Llama por nombre a las ovejas y las saca del redil. Cuando ya ha sacado a todas las que son suyas, va delante de ellas, y las ovejas lo siguen porque reconocen su voz».

Juan 10:3-4

Durante el tiempo en que somos ovejas, aprendemos:

1. Dependencia, obediencia.
2. Sometimiento.
3. Cómo ser un buen seguidor para luego guiar a otros.
4. A ser corregidos, porque el pastor tiene una vara para corregir y un callado para rescatar.

Si en esta etapa no se desarrollara y quedara detenido, eso sería fatal. Dentro de la iglesia, hay muchas personas, muchas ovejas estancadas que hace tiempo debían ser herederos; que siempre se visualizan en la multitud recibiendo los panes y los peces, pero, nunca, siendo ellos quienes llevan las canastas para proveer lo que el Señor ha multiplicado; que se quedan estancadas en esta etapa y siempre están diciendo: «¿Por qué no *me me me* ayudan? ¿Por qué no *me me me* llaman? Nadie me visita». Pero después de cuarenta años de evangelio, se supone que esté caminando solo, que ya no necesite que alguien le dé ánimo para seguir hacia adelante.

La señal de que se ha desarrollado es que puede aprender las lecciones de ser una oveja, para pasar al próximo nivel.

En una ocasión, una mujer estaba orando al Señor y dijo: «En este momento, en que estoy pasando por esta situación difícil, ni el pastor me ha llamado ni los líderes me buscan; te pido que me toques, y no me has tocado». Mientras oraba estas palabras, tuvo una visión: vio tres mujeres de rodillas, orando. El Señor se acercó a la primera, la abrazó por la espalda, le dio un beso y le dijo unas palabras. A la segunda la tocó, pero pasó por al lado de la tercera y ni la miró. La mujer pensó que la primera era una sierva suya porque el Señor la había abrazado y hablado. Luego pensó que la segunda estaba cerca de él, pero que la tercera estaba mal con Dios, porque ni siquiera la había mirado. Pero el Señor le explicó: «La primera es una ovejita recién nacida que necesita mi toque, mis besos y mi Palabra para poder seguir adelante. La segunda ha madurado, pero necesita que, de vez en cuando, la acaricie. La tercera es una oveja madura que sabe que, aunque no la toque, no le hable ni la busque, todavía seguirá marchando».

En el modelo eclesiástico de este tiempo para la iglesia, usted ve ovejas que le dicen al pastor qué es lo que tiene que hacer. Pero el modelo bíblico no es una democracia, sino una teocracia. El gobierno de Dios para el hombre establece como cabeza a quien él quiere, y tiene que seguirlo.

Una vez que usted es oveja, debe crecer; de lo contrario, siempre será un cristiano inmaduro, y se estancará en las primeras etapas «debiendo ser ya maestros…». Cuando esto se menciona en la Biblia, no se referiere al ministerio de la enseñanza, necesariamente, sino al hecho de convertirse en un creyente maduro y en un canal de bendición. Si somos ovejas, debemos desarrollarnos al próximo nivel.

DESCUBRIR SU POTENCIAL

La parábola de la dracma perdida nos recuerda la etapa en la que el líder necesita crecer, desarrollarse y descubrir que tiene valor y talentos. Tal vez, estaban escondidos, y debe descubrir cuáles son, dónde están sus habilidades para poder servir al Señor.

La mujer que barre su casa, buscando esa dracma, representa a la iglesia registrando un líder con talentos. Hay algunos que están mal ubicados y que no saben su valor. Personas que quieren cantar, cuando ese no es su talento; o que pretenden enseñar, y esa no es su habilidad. Esta es la etapa del descubrimiento de su llamado.

Usted no puede quedarse como una oveja toda la vida, tiene que descubrir su potencial en el Señor, tiene que despertar a la realidad de las habilidades que usted tiene en Cristo, porque esto lo llevará a confirmar su llamado.

Encontrar su potencial le permitirá ver que no es el todo, sino una parte esencial en el cuerpo de Cristo, y, así, desarrollar una buena motivación. Al mismo tiempo, descubrir que necesitamos de otros, para poder alcanzar el propósito de Dios.

La Palabra dice que ninguno de nosotros debe tener más alto concepto de sí mismo que el que debe tener. Por lo tanto, lo que le dará un concepto equilibrado sobre su vida es que pueda entender cuál es el verdadero propósito de Dios para usted. Sin embargo, tampoco debe tener un concepto más bajo que el que debe tener. Si Dios lo llamó y le dio talentos, debe descubrirlos. Al hacerlo, usted verá claramente el potencial que él le ha dado y se moverá al próximo nivel de liderazgo; así, se convertirá en un hijo en la casa.

Hijo en la casa

La tercera parábola es la historia del hijo pródigo. Generalmente, nos enfocamos en el hijo que se fue, el pródigo, pero poco hablamos del que se quedó en la casa. El primero se llevó la herencia; pero el otro, no.

Dentro de la casa, los dos tienen una condición negativa. El hijo pródigo se llevó la herencia. Cuando una persona que estaba conectada con su padre espiritual se va de la iglesia, puede llevársela; hay un tiempo de gracia, de bendición; pero después, aquella se acaba, y amanece en un chiquero.

El segundo hijo estaba peor, porque vivía dentro de la casa, y desconectado del padre. Mientras había fiesta en ella, él no sabía qué pasaba. Esos son hijos que tienen herencia, pero no la pueden tomar ni saben lo que sucede en la casa.

Había un padre, cuyos hijos trabajaban para él, sin necesidad de que estuviera presionándolos, porque lo hacían para cumplir el propósito de su padre. El hijo pródigo pensaba solamente en él y, no, en la finalidad de la casa. Hay muchos hijos que también tienen herencia, pero no la están usando.

Dios lo posicionó como hijo, y usted está a punto de recibir el legado de su padre, pero debe aprender una lección muy importante dentro de la casa: la lealtad. Muchas iglesias han adelantado el proceso de personas con motivaciones internas equivocadas y las han levantado al próximo nivel, por necesidad, para tenerlos cerca y trabajar junto con ellos.

En la tercera etapa, solamente entran los hijos; ellos son los únicos que pueden heredar de su padre. Si no tiene una buena motivación y no la ha desarrollado en otras etapas, estará igual que el hijo pródigo, pidiendo su patrimonio, porque quiere lo suyo ahora; no puede esperar el tiempo de Dios para su vida. Los verdaderos hijos son los que aprenden lealtad y fidelidad.

En esta etapa se logra el impulso y el empuje para lograr que el sueño de su padre sea una realidad. Usted no puede ser un buen hijo, si todavía piensa en usted mismo. Lo será, cuando trabaje para que los sueños de su padre espiritual se cumplan.

Dentro de la iglesia, hay muchos hijos desconectados, personas que están en el ministerio por el sueldo que les dan; pero, quíteselo y pruebe su fidelidad, su compromiso.

En un momento determinado, los verdaderos hijos de la casa se desarrollan con fidelidad, con lealtad, empujando la visión de su padre; y, cuando este necesita aliento y fuerza, el hijo no será desleal, sino que le dirá: «Estoy en esta casa para servirte, para ayudarte, para llevarte donde Dios te ha destinado, y aunque todos los demás se vayan puedes contar conmigo. Somos tu familia, tus hijos, y te amamos, y juntos vamos a hacer cumplir tu sueño».

Las tres etapas que describí hasta aquí son necesarias para el desarrollo de cada líder, para que se eleve al siguiente nivel como hijo. Porque usted no puede tomar su herencia, si no se ha desarrollado ni ha crecido. Dios estableció un orden dentro de la casa, y debemos respetarlo.

Pablo dijo de Timoteo: «Mi verdadero hijo en Jesús». Usted tiene que estar conectado a una casa y tener un padre para alcanzar su propósito.

CAPÍTULO 5

CAMINO AL PROCESO

CAMINO AL PROCESO

> ➢ Una decisión incorrecta en el tiempo incorrecto = desastre
>
> ➢ Una decisión incorrecta en el tiempo correcto = error
>
> ➢ Una decisión correcta en el tiempo incorrecto = inaceptable
>
> ➢ Una decisión correcta en el tiempo correcto = éxito

Las decisiones correctas marcan la diferencia entre un éxito y un fracaso. Es necesario tomarlas, en el proceso de crecimiento y madurez; ellas determinarán el paso por el puente de la transición al siguiente nivel.

Eliseo tuvo que decidir ante cada paso en el que siguió a Elías, su padre espiritual. Cuando este se dirigía a un lugar, le preguntaba a Eliseo si quería ir, y él disponía, según su voluntad.

Un verdadero hijo va a hacer esto constantemente: tomará determinaciones voluntarias para seguir al hombre de Dios.

«Cuando se acercaba la hora en que el Señor se llevaría a Elías al cielo en un torbellino, Elías y Eliseo salieron de Gilgal. Entonces Elías le dijo a Eliseo:

—Quédate aquí, pues el Señor me ha enviado a Betel.

Pero Eliseo le respondió:

—Tan cierto como que el Señor y tú viven, te juro que no te dejaré solo.

Así que fueron juntos a Betel. Allí los miembros de la comunidad de profetas de Betel salieron a recibirlos, y le preguntaron a Eliseo:

— ¿Sabes que hoy el Señor va a quitarte a tu maestro, y a dejarte sin guía?

—Lo sé muy bien; ¡cállense!

Elías, por su parte, volvió a decirle:

—Quédate aquí, Eliseo, pues el Señor me ha enviado a Jericó.

Pero Eliseo le repitió:

—Tan cierto como que el Señor y tú viven, te juro que no te dejaré solo.

Así que fueron juntos a Jericó.

También allí los miembros de la comunidad de profetas de la ciudad se acercaron a Eliseo y le preguntaron:

—¿Sabes que hoy el Señor va a quitarte a tu maestro, y a dejarte sin guía?

—Lo sé muy bien; ¡cállense!

Una vez más Elías le dijo:

—Quédate aquí, pues el Señor me ha enviado al Jordán.

Pero Eliseo insistió:

—Tan cierto como que el Señor y tú viven, te juro que no te dejaré solo.

Así que los dos siguieron caminando y se detuvieron junto al río Jordán. Cincuenta miembros de la comunidad de profetas fueron también hasta ese lugar, pero se mantuvieron a cierta distancia, frente a ellos. Elías tomó su manto y, enrollándolo, golpeó el agua. El río se partió en dos, de modo que ambos lo cruzaron en seco».

2 REYES 2:1-8

En cada etapa del proceso que transitó Elías, Eliseo tuvo que decidir voluntariamente acompañarlo, para convertirse en un hijo. Pero ¿cómo saber si la persona que estamos siguiendo es nuestro padre espiritual? Una de las señales es que no lo manipulará, sino que siempre le pedirá que usted, voluntariamente, decida acompañarlo al siguiente paso. Cuando hay un espíritu de manejo en él, entonces dejó de ser padre.

En lo natural, sabemos que hay padres buenos, pero también hay otros que dejaron de serlo. Aunque algunos abusan y manipulan a sus hijos, eso no significa que no haya padres buenos. No nos detendremos en los casos particulares, sino en los generales. Creo que el verdadero padre espiritual es aquel que quiere lo mejor para su hijo y que, si este crece en una unción aún mayor que él, se enorgullece por ese hijo que él mismo formó.

Tal vez, usted recuerde la secta falsa de un hombre llamado el Reverendo Jim Jones. Él era, supuestamente, un padre para sus seguidores; pero sus hijos no tenían voluntad propia, todos hacían lo que él quería. Había un poder manipulador sobre ellos que los llevaba a tomar decisiones, aislando su propia voluntad. Todos recibían lo que se podría catalogar como "lavado de cerebro" y se convertían, así, en esclavos, cuyas vidas le pertenecían al líder y, no, a Dios. Desgraciadamente, estas pobres personas no se dieron cuenta de la verdad hasta que fue demasiado tarde, y la secta terminó en una de las más grandes tragedias registradas, el suicidio en masa de sus seguidores. Lo antes mencionado es diabólico, y fuera de toda explicación lógica y racional.

No es de eso que hablamos aquí, pues un verdadero padre o mentor espiritual nunca lo manipulará ni le impedirá ser leal a Dios y a su Palabra, en primer lugar. El reconocerá que es de allí de donde emana realmente toda autoridad y, él mismo se sujetará a ella. Reconocerá, como lo dijo Martín Lutero, que la verdadera autoridad reside, únicamente, en la Palabra de Dios. Hablamos de mentores espirituales comprometidos con Dios y con la Autoridad de su Palabra.

Un padre siempre le pedirá que usted decida si quiere continuar, en cada etapa del proceso de entrenamiento bíblico y espiritual; nunca lo manejará. Pues el pastor o verdadero mentor reconoce que tiene responsabilidades hacia sus hijos espirituales, y el verdadero hijo reconoce que tiene responsabilidades hacia su pastor o padre de la casa.

RESPONSABILIDAD DEL PADRE

«Vengan, síganme —les dijo Jesús—, y los haré pescadores de hombres».

MATEO 4:19

Hay pastores que tratan de formar a alguien que no los está siguiendo. No trate de hacerlo. Dios puso hijos en su casa; y usted los reconocerá, no, porque lo llevan a tomar café o a cenar, sino porque han caminado con usted. Eliseo siguió a Elías, y esto habla de un proceso que lo cualificó para luego llamarlo «padre».

El apóstol Pablo tenía hijos espirituales; él les enseñaba a los creyentes, en Corinto, que podían tener muchos maestros, pero un solo padre. En esta escritura se demuestra que existe una enorme responsabilidad en los lomos de un padre.

> *«Dios y ustedes me son testigos de que nos comportamos con ustedes los creyentes en una forma santa, justa e irreprochable. Saben también que a cada uno de ustedes lo hemos tratado como trata un padre a sus propios hijos».*
>
> I TESALONICENSES 2:10-11

A algunos les gustan los privilegios de ser padres, pero no quieren asumir las responsabilidades que esto conlleva. Las principales son:

Exhortar a sus hijos

Usted no puede pedir que alguien de afuera de la casa exhorte a sus hijos, el padre es el que tiene que hacerlo; no puede invitar a un evangelista con una Biblia grande para corregir y reprender a los hijos de la casa. El problema de hoy es que los padres están ausentes porque no toman la responsabilidad que les corresponde.

Hay personas que van al pastor y le dicen: «Quiero que vaya a mi casa para que regañe a mi hijo». Usted es el papá y debe regañarlo, esa es su responsabilidad.

Exhortar es reprender y corregir, esa es la responsabilidad que tienen los pastores. La corrección trae promoción.

No pida excusas al que debe corregir, no tenga temor de que se vaya de la iglesia; debe hacerlo.

Consolar

Todo padre tiene que tener la habilidad de consolar. Consolar significa animar, dar ánimo. Usted tiene que ser un padre que consuela a sus hijos, no de los que los desaniman y desalientan. Conéctese con ellos; en algunas oportunidades, necesitan consuelo y, no, exhortación. Como padre, usted tiene que saber discernirlo.

Heredar

Se acabó el tiempo del llanero solitario, usted no necesita ser el que hace todas las cosas solo. Este es el tiempo cuando Dios levanta a padres para transferir a los hijos herencia y responsabilidad.

RESPONSABILIDAD DE LOS HIJOS ESPIRITUALES

Es importante que conozcamos, también, las responsabilidades que Eliseo tuvo como hijo, ya que estuvo dispuesto a despojarse de sí mismo y a recoger el manto para operar en el espíritu de su padre.

Eliseo practicó y reflejó características que recibió de su padre Elías, que lo llevaron al éxito en su ministerio.

Como líderes, estamos emplazados como padres espirituales y como los mejores ejemplos para nuestros hijos. Es incongruente que les diga que dejen de fumar, si usted camina con un cigarrillo en la mano. A veces, naturalmente nos frustramos con los hijos que levantamos, los vemos tan difíciles y nos peleamos con ellos; pero, en verdad, es que se parecen mucho a nosotros.

La responsabilidad de los hijos espirituales, esencialmente, debe ser: *Honrar a sus padres.*

Honrar significa enaltecer, reverenciar, pero la palabra que me gusta es respetar. La Biblia dice: «Honra a tu padre y a tu madre para que tus días sobre la tierra se alarguen». Este es el único mandamiento con promesa, y de los diez mandamientos este es el quinto, el que está en el medio.

No se puede hablar mal del padre de la casa. No se puede hablar del hombre que ha sido ungido como padre de la casa. Hay que honrarlo, y, cuando lo bendice, lo honra. No me refiero a los años, si es joven o mayor; me refiero a la honra, al respeto.

Hay personas que enaltecen al siervo con una motivación escondida incorrecta; pero, en verdad, lo están deshonrando, ya que esperan que les den un puesto, una ayuda o que las impulsen para llegar adonde quieren.

CAPÍTULO 6

GILGAL: PROCESO DE DISCIPLINA

CAPÍTULO 6

GILGAL: PROCESO DE DISCIPLINA

*«Cuando se acercaba la hora en que el Señor
se llevaría a Elías al cielo en un torbellino,
Elías y Eliseo salieron de Gilgal».*

2 REYES 2:1

El primer lugar donde Eliseo estuvo con Elías fue Gilgal, palabra que significa «purificación, prueba, oprobio». En ese mismo sitio, Josué purificó, al circuncidarla, a la generación que entraba a la tierra prometida después de cruzar el Jordán. Allí les quitó el oprobio y la vergüenza, que venían con ellos desde Egipto (Josué 5:3).

Un padre espiritual tiene la gran responsabilidad de circuncidar sus hijos. Esto habla de proceso de disciplina, de cortar y formar a sus hijos espirituales.

La Biblia explica que la circuncisión física es un tipo de la circuncisión espiritual «del corazón» (Deuteronomio 30:6; Romanos 2:29) que conlleva arrepentimiento de los pecados pasados, obediencia a Dios y disciplina de parte del padre.

LUGAR DE DISCIPLINA

Gilgal, entonces, representa el lugar de la disciplina y la formación inicial para transformarse en un hijo. Durante ese proceso de Dios, a partir de Gilgal, el hijo deberá acompañar a su padre a los lugares por donde Dios lo lleve, para que pueda dejar de ser tan solo un miembro de la iglesia y pasar a ser un hijo y, así, recibir su destino.

Usted no puede ser hijo, a menos que se someta a la disciplina de su padre, ya que es el único que tiene las herramientas necesarias para darle la forma que Dios quiere. Solo él puede deshacer lo que era y llevarlo a usted a lo que debe ser.

La disciplina es una marca de que usted es un hijo. Desde el Occidente, no hemos sabido interpretar la palabra «disciplina»; pensamos que significa tomar una vara o una correa para el castigo. Pero en los tiempos bíblicos, la disciplina era la corrección de la palabra del padre de la casa. Cuando el padre quería corregir al hijo, no tenía que tomar una vara y golpearlo físicamente, sino solamente hablarle y reprenderlo, y así le enseñaba.

Una vida sin disciplina se convierte en una existencia frívola. Nadie conoce realmente la fe hasta que no ha sido probado. El viento apagará una llama débil, pero también avivará la llama fuerte y la convertirá en una gran fogata.

«En la lucha que ustedes libran contra el pecado, todavía no han tenido que resistir hasta derramar su

sangre. Y ya han olvidado por completo las palabras de aliento que como a hijos se les dirige: "Hijo mío, no tomes a la ligera la disciplina del Señor ni te desanimes cuando te reprenda, porque el Señor disciplina a los que ama, y azota a todo el que recibe como hijo". Lo que soportan es para su disciplina, pues Dios los está tratando como a hijos. ¿Qué hijo hay a quien el padre no disciplina? Si a ustedes se les deja sin la disciplina que todos reciben, entonces son bastardos y no hijos legítimos. Después de todo, aunque nuestros padres humanos nos disciplinaban, los respetábamos. ¿No hemos de someternos, con mayor razón, al Padre de los espíritus, para que vivamos?».

HEBREOS 12:4-9

Hemos interpretado la relación de paternidad espiritual como la de un amigo. Sin embargo, un amigo lo ama tanto que le soportará tal cual usted es. En cambio, un padre lo amará tanto que no lo dejará así, sino que lo corregirá.

Muchos quieren ser amigos del pastor, pero si lo visualizan como amigo, nunca aceptarán la corrección que venga de él; probablemente, les moleste; por eso, muchos hijos se van de la casa del padre porque se ofendieron.

LUGAR DE PURIFICACIÓN

En el proceso de la disciplina de Dios, hay personas que nunca podrán ser hijos; pueden ser miembros de la congregación, pero nunca, parte de la familia. Es que esta generación no acepta regaños ni corrección, están hechos de papel.

Un padre espiritual debe dar palabras de afirmación a sus hijos; sin embargo, es la corrección y, no, los halagos lo que traerá la promoción. Doy gracias a Dios por mi padre espiritual, que, también, fue mi padre carnal. Al principio, yo me rebelé contra él; luego, pude entender que, si no fuera por la disciplina que aplicó a mi vida, yo no estaría aquí. Ella trae mejora a su vida. De su padre espiritual recibirá la unción que necesitaba, recibirá su destino, porque lo ama lo suficiente como para corregirlo. Así es la relación entre un padre y un hijo. Sin embargo, en la Iglesia, tan pronto un padre espiritual comienza a corregir a los hijos, estos empiezan a irse a otras congregaciones, y quedan como hijos en adopción, con padres adoptivos. Ese no es su padre original.

Si se fue de su casa enojado con su padre, regrese como lo hizo el hijo pródigo, porque ese hombre tiene la bendición que usted necesita.

Si está dispuesto a trabajar con su padre espiritual, tiene que aceptar pasar por la cuchilla de la circuncisión; porque todo aquello impuro que proviene de la carne debe ser cortado.

El padre de la casa es el único que puede decirle lo que está haciendo mal. La persona que lo corrige se interesa por usted. Tal vez, usted luzca como un carbón al que hay que pulir, pero por dentro hay un diamante. Por lo tanto, su padre usará el martillo hasta que este comience a manifestarse. La corrección es necesaria para llevarlo al lugar donde Dios quiere que esté.

El padre corrige a su hijo porque puede visualizar el destino y el propósito de Dios para su vida. Tiempo después, entenderá que la represión intenta transformar algo que usted no veía. Quizás, a otros les perdonan lo que a usted le corrigen, porque hay un destino al que Dios quiere llevarlo. A otros no los llamó a donde lo llamó a usted.

Sométase al padre de la casa, porque será a él a quien Dios le mostrará adónde lo llevará.

Eliseo se sometió voluntariamente a la disciplina. Un hijo no podrá llegar a su destino, si primero no toma la decisión de hacer lo mismo. El proceso de disciplina es doloroso, pero dejará resultados gloriosos. La Biblia dice:

«Las palabras de los sabios son como aguijones. Como clavos bien puestos son sus colecciones de dichos, dados por un solo pastor».

ECLESIASTÉS 12:11

El mismo Salomón admitió, en sus escritos, que la dirección y la amonestación de su padre David fue de vital importancia en la formación de su carácter, y lo que trajo como resultado fue gloria, esplendor y excelencia a su reino.

«Cuando yo era pequeño y vivía con mi padre, cuando era el niño consentido de mi madre, mi padre me instruyó de esta manera: "Aférrate de corazón a mis palabras; obedece mis mandamientos, y vivirás. Adquiere sabiduría, adquiere inteligencia; no olvides mis palabras ni te apartes de ellas. No abandones nunca a la sabiduría, y ella te protegerá; ámala, y ella te cuidará. La sabiduría es lo primero. ¡Adquiere sabiduría!

Por sobre todas las cosas, adquiere discernimiento. Estima a la sabiduría, y ella te exaltará; abrázala, y ella te honrará; te pondrá en la cabeza una hermosa diadema; te obsequiará una bella corona."

Escucha, hijo mío; acoge mis palabras, y los años de tu vida aumentarán. Yo te guío por el camino de la sabiduría, te dirijo por sendas de rectitud. Cuando camines, no encontrarás obstáculos; cuando corras, no tropezarás. Aférrate a la instrucción, no la dejes escapar; cuídala bien, que ella es tu vida».

PROVERBIOS 4:3-13

Nos engañamos a nosotros mismos como hijos espirituales, si eludimos o tratamos de burlar la reprensión de nuestros padres espirituales. Al respecto, dice el proverbista, de los hijos rebeldes:

«El hijo sabio atiende a la corrección de su padre, pero el insolente no hace caso a la reprensión».

PROVERBIOS 13:1

«Al que maldiga a su padre y a su madre, su lámpara se le apagará en la más densa oscuridad».

PROVERBIOS 20:20

Quiera el Señor que usted pueda aprender y aplicar a su vida estas importantes verdades espirituales, para que sea formado su carácter y tenga solidez de liderazgo.

CAPÍTULO 7

BETEL: LUGAR DE SUMISIÓN

CAPÍTULO 7

BETEL:
LUGAR DE SUMISIÓN

«Entonces Elías le dijo a Eliseo:
Quédate aquí, pues el Señor me ha enviado a Betel.
Pero Eliseo le respondió: Tan cierto como que el Señor
y tú viven, te juro que no te dejaré solo.
Así que fueron juntos a Betel».

2 REYES 2:2

Eliseo fue con Elías al segundo lugar de transición: Betel, que representaba el lugar de sumisión. En hechos que preceden a esta historia, descubrimos por qué Betel es parte de este proceso de transformación, donde un siervo debe ir con su padre para convertirse en hijo.

«*Jacob partió de Berseba y se encaminó hacia Harán. Cuando llegó a cierto lugar, se detuvo para pasar la noche, porque ya estaba anocheciendo. Tomó una piedra, la usó como almohada, y se acostó a dormir en ese lugar. Allí soñó que había una escalinata apoyada en la tierra, y cuyo extremo superior llegaba hasta el cielo. Por ella subían y bajaban los ángeles de Dios. En el sueño, el Señor estaba de pie junto a él y le decía: "Yo soy el Señor, el Dios de tu abuelo Abraham y de tu padre Isaac. A ti y a tu descendencia les daré la tierra sobre la que estás acostado. Tu descendencia será tan numerosa como el polvo de la tierra. Te extenderás de norte a sur, y de oriente a occidente, y todas las familias de la tierra serán bendecidas por medio de ti y de tu descendencia. Yo estoy contigo. Te protegeré por dondequiera que vayas, y te traeré de vuelta a esta tierra. No te abandonaré hasta cumplir con todo lo que te he prometido". Al despertar Jacob de su sueño, pensó: "En realidad, el Señor está en este lugar, y yo no me había dado cuenta". Y con mucho temor, añadió: "¡Qué asombroso es este lugar! Es nada menos que la casa de Dios; ¡es la puerta del cielo!". A la mañana siguiente Jacob se levantó temprano, tomó la piedra que había usado como almohada, la erigió como una estela y derramó aceite sobre ella. En aquel lugar había una ciudad que se llamaba Luz, pero Jacob le cambió el nombre y le puso Betel*».

GÉNESIS 28:10-19

Jacob estaba recostado, descansando en la roca, y tuvo un sueño. Vio una escalera apoyada en la tierra que llegaba hasta el cielo, y ángeles que subían y bajaban, y las palabras del Señor que declaraban bendición sobre su vida. Al despertar,

Jacob estaba tan asombrado por la experiencia que había vivido, que echó aceite sobre la roca donde había reposado y llamó a aquella ciudad «Betel».

El recostar su cabeza sobre la piedra representaba «reposar sobre la Palabra». La roca representa la Palabra, y recostar su cabeza significa rendir la mente a ella, expresa su confianza en la Palabra que le había sido dada.

Un siervo no puede llevar sus propias motivaciones a Betel, a la casa de Dios. Tampoco puede llevar su sentido de superioridad con respecto a su padre. Ya que para entrar a la casa del padre es necesario, primero, recostar su cabeza sobre la roca. Ir a Betel con su pastor es recostar su cabeza sobre la roca.

Hay personas que se están muriendo dentro de la iglesia, porque no quieren recibir la palabra que viene de su padre. Si usted quiere convertirse en hijo y dejar de ser miembro, tiene que recostar su cabeza sobre la palabra de su padre, descansar en la Palabra. No debe haber otra más importante que la del padre de la casa.

Muchos son los maestros, pero hay un solo padre. No está bien que corra de iglesia en iglesia porque ama más la comida que se cocina en otros lugares que la que se sirve en su casa. Si usted es un hijo, tiene que amar la palabra del padre de la casa, porque esa es la palabra de corrección y revelación que, semana tras semana, ese hombre le da.

RECIBIR LA VISIÓN

Cuando comience a descansar sobre la palabra del padre, sus ojos serán abiertos como los de Jacob, y recibirá la visión. Hay personas que nunca pueden recibir la visión de la casa porque no han descansado sobre la roca, la palabra que se predica desde el púlpito. Algunos no captan la visión, porque no son hijos. Estos son los que se sacrifican y aun están dispuestos a entregarlo todo por ella.

Día a día, observamos en diferentes programas de televisión cristiana a grandes exponentes de la Palabra, y, al verlos, usted dice: «Ese hombre sí tiene unción». Permítame explicarle que los predicadores televisivos, entre los cuales me incluyo, tienen un equipo de producción y edición que selecciona los mejores mensajes que ese pastor ha predicado, para después editarlo, y, finalmente, emitirlo al aire. Los productores tomarán, de esos sermones, las mejores partes, las que consideren especiales y ungidas, y las prepararan especialmente para el programa.

Sin embargo, solamente la iglesia, la congregación, sabe que no todos los domingos el pastor predica mensajes sobresalientes y ungidos. Habrá domingos que la palabra predicada será muy buena, y otros días en que la prédica será simple y nada especial. Nunca juzgue un libro por la portada, ni a su pastor por otro que vio por televisión.

Imagine lo que ocurre con los concursos de belleza: todo lo que se ve en la pantalla es la expresión de un evento producido especialmente y, tal vez, muy lejano de la realidad. La preparación previa de aquellas mujeres muestra un espejismo que, en ocasiones, no refleja la verdad y, por lo tanto, no podemos compararlo con la realidad y lo verdadero que vivimos con nuestra esposa.

Siempre pensamos que el jardín del vecino es más verde que el nuestro. Pero Dios le dio un padre en su casa para que usted viva por la Palabra que él predica. Los otros pastores pueden dar buenos sermones, pero cuando su padre habla, usted debe recostarse sobre esa roca que lo sostiene y edifica.

Un reconocido predicador y pastor de una congregación de más de veinticinco mil miembros dijo un domingo, desde el púlpito: «Ustedes son hijos que se han conectado conmigo tan solo por la palabra, ya que algunos ni siquiera me han saludado una vez». La conexión de un hijo con su padre es por la palabra, por eso es necesario que se recueste y descanse en la revelación, la visión y la dirección que da la palabra declarada por su padre.

Aceite de bendición

El relato bíblico continúa diciendo que, cuando Jacob recibió de parte de Dios la palabra de provisión y multiplicación, antes de irse, regresó a la roca y vertió sobre ella aceite. Si usted quiere ser un hijo, luego de recostarse sobre la roca que abrió sus ojos, tiene que volver y ser recíproco con su padre a la bendición que Dios le ha dado.

Volver a la roca significa que el hombre de Dios tiene que ser bendecido. No está bien que, después de haberse recostado sobre la roca, le dé la espalda y duerma tranquilito porque la palabra del siervo impactó su corazón. Cuando recibe bendición, debe volverse y echar aceite a la roca. Hay que bendecir al hombre de la casa.

Hace algunos años, en nuestra iglesia, comenzó a ocurrir algo que surgió espontáneamente. Luego de haber predicado sobre este tema, la gente de la congregación entendió que es necesario bendecir al hombre de Dios, si la palabra dada bendecía su vida. Ese mismo día, mientras estaba hablando, la gente comenzó a correr y a dejar en el altar sus ofrendas. Una hermana me comentó, al final del servicio, que ella había echado sus ofrendas en un acto espontáneo, porque no estaba dispuesta a ser bendecida sin tener una actitud recíproca.

Jacob volcó aceite sobre la roca donde había descansado. La Palabra dice que tenemos que hacer partícipe de toda cosa buena al que nos enseña (Gálatas 6:6).

Si usted quiere ser un hijo, tiene que volverse y bendecir al hombre que le ha dado la revelación para atravesar los días más oscuros de su vida.

La Palabra dice que el aceite derramado sobre la cabeza de Aarón o el Sacerdote de la casa desciende por la barba y corre por las vestiduras. Ese aceite que usted echa sobre la cabeza de su pastor caerá nuevamente sobre usted, trayendo bendición abundante.

La roca abrió los ojos de Jacob y le dio la visión y la bendición que recibió en Betel. Por lo tanto, la conexión de un padre con un hijo no es tan solo en la palabra, sino que el hijo se une, bendiciendo al padre, gratificándolo y reconociéndolo. Eso nos conecta a Betel, a la casa de Dios.

No hay Peniel sin Betel

En Peniel, Jacob luchó con el ángel porque anhelaba la bendición. Dios llevó a Jacob por un proceso de sumisión, para recibir la palabra del siervo de Dios. Usted no puede someterse al siervo, si no cree la palabra que él predica. Betel es la etapa primaria del proceso, usted entra allí solo y se recuesta en su lecho sobre la roca.

Peniel es la conquista de la bendición, la lucha por ella. El proceso en Betel me lleva a Peniel, pero el proceso en Peniel me lleva a la herencia total. Nunca hubiera podido pasar la primera puerta, que es Betel, sin haber pasado primero por Peniel.

Luego de recostar su cabeza sobre la palabra del padre de la casa, usted quiere la bendición. Jacob luchó con el ángel, por ella, toda la noche. La bendición está en la sumisión.

No puede haber un Peniel sin un Betel; hay que reposar sobre la palabra del hombre de la casa. Hay que comer de la palabra del hombre de la casa.

Hay personas que van de iglesia en iglesia buscando quien les profetice bendición. Pero la palabra profética para esa persona es: «Sométase al hombre de Dios en la casa. No busque nada más, y recibirá bendición». Dios desea que usted se someta al padre de la casa.

Tengo un amigo pastor que sirvió por veinte años en una ciudad de los Estados Unidos. Un día, lo invitaron a predicar, y pensó que esa era una puerta tremenda para una campaña. Habló con el pastor principal de su iglesia para preguntarle si podía ir, y su respuesta fue afirmativa. Cuando faltaban dos semanas para comenzar la campaña, el pastor principal lo llamó y le dijo:

—No irás a ese compromiso.

—¿Hay alguna razón? — preguntó mi amigo pastor.

—No vas a ir —respondió.

Mi amigo, sorprendido por la decisión de su pastor, llamó a la iglesia que estaba organizando la campaña y le dijo: «Perdónenme, pero mi pastor dijo que no puedo ir, así que no iré».

Seis meses después, volvieron a invitarlo; su pastor autorizó nuevamente que fuera a esta campaña. Pero, cuando faltaban dos semanas, dijo:

—Creo que no vas a ir a ese compromiso.

—¿Hay alguna razón? —volvió a preguntar mi amigo.

—No vas a ir — respondió.

Nuevamente, desorientado, pero obediente, mi amigo llamó a los organizadores anunciando que no iría porque su pastor no creía que debía hacerlo. Enojado por una nueva cancelación, el organizador de la campaña comenzó a decir:

—Tú no tienes que estar sometido a ese hombre. No tienes que hacer lo que ese hombre quiere. Tú vas a salir a predicar. Predicar no es malo.

—Yo estoy sometido al hombre de la casa, y, si él dice que no, es que sabe de lo que me está librando —respondió mi amigo.

Él se había recostado en la palabra de este hombre y lo demostraba con obediencia y, no, con rebeldía. Si usted recibe la corrección y la dirección del padre de la casa, recibirá la visión que él tiene. No puedo decir que estoy sometido a una casa y que no tengo la visión ni los sueños de mi padre espiritual. No se atreva a decir que tiene una visión más grande que la de la casa; si es así, es porque usted no es de la casa.

Cuando recuesta su mente en el padre, recibe su visión. Vive por ella, respira por ella. Si quiere recibir la visión de su padre, hablar como su padre, caminar como su padre y actuar como su padre, debe continuar en el proceso de transformación de miembro de la congregación a hijo.

JERICÓ: LUGAR DE CONFRONTACIÓN

Capítulo 8

Jericó: lugar de confrontación

«Elías, por su parte, volvió a decirle:
Quédate aquí, Eliseo, pues el Señor me ha
enviado a Jericó. Pero Eliseo le repitió:
Tan cierto como que el Señor y tú viven,
te juro que no te dejaré solo.
Así que fueron juntos a Jericó».

2 Reyes 2:4

Jericó es el lugar de conquista y de batalla, es símbolo de guerra. Cuando el pueblo de Israel estaba a punto de conquistar la tierra prometida, el primer lugar de confrontación y de guerra fue este. Josué abrió una campaña de sitio a esta ciudad, que estaba rodeada de enormes murallas y era imposible de conquistar con fuerza humana. Fue allí donde los hijos de

Israel acompañaron a Josué a la confrontación y la lucha, sin importarles el tamaño del reto delante de ellos.

Jericó es el tercer lugar donde los miembros deben acompañar a su padre para convertirse en hijos, porque van a la batalla con él.

Muchas personas idealizan a la iglesia porque creen que allí nunca habrá una guerra; pero se equivocan: hay batallas internas. Sin embargo, lo que diferencia a un hijo de un miembro es que, cuando surgen estas luchas, los miembros se van, pero los hijos pelean. Estos usan su espada correctamente: nunca en contra de su padre, sino siempre para defenderlo.

Cuando hay conflicto y usted pelea junto al hombre de Dios, defiende lo que él defiende y lucha por lo que él lucha; y cuando el hombre de Dios se cansa en medio de la batalla, usted le dice: «Arrodíllese, pastor, descanse; yo voy a pelear en defensa de su familia, de sus hijos, de la visión que Dios nos ha dado; porque yo soy un hijo y voy a proteger a mi padre».

No hay muchos hijos que hayan salido en defensa de su padre espiritual y que le hayan dicho: «Vamos juntos a pelear esta batalla, y, si te cansas, seguiré haciéndolo por ti y por tu familia».

Conocí a personas que juraron estar conmigo y quedarse junto a mí; pero, en el momento de conflicto, fueron los primeros en salir por la puerta y me dejaron. Sin embargo, hubo otras que permanecieron y fueron fieles a mí.

Hace mucho tiempo atrás, Dios dijo que, como congregación, nos llevaría a otro nivel. El diablo se levantó; y algunos, dentro de la iglesia, comenzaron a hablar; pero no se sorprenda, porque no todos los que están en Israel son israelitas.

Un líder, en particular, me decía: «Pastor, pase lo que pase, yo voy a estar contigo, donde quiera que tú vayas, yo estaré. Tu pueblo será mi pueblo, tu Dios será mi Dios». Semanas después, apareció con una carta en su mano y me la entregó, diciendo: «¿Puede leer esta carta, por favor? No me iré hasta que la lea, ya que debido al conflicto que está ocurriendo, veo necesario cambiarme a otra congregación, porque mi nombre y mi reputación están en el medio. La guerra está muy dura y pueden salir heridos los inocentes». Cuando terminé de leer la carta, le dije: «Hermano, Dios te bendiga; ten cuidado de que al salir por esa puerta no te golpees».

Al mismo tiempo, recuerdo a un joven que nunca me había dicho nada; pero, en medio de la guerra, entró en mi oficina y me dijo: «Pastor, acá estoy para ayudarlo y sostenerlo». Ese joven, hoy, es uno de mis pastores en la iglesia. Se mantuvo fiel durante la lucha. Por cierto, hubo heridos; pero la victoria fue tremenda, y los que se fueron se lo perdieron. Deje ir a aquellos que no estén dispuestos a ser hijos, porque no son hijos ni soldados.

En las Iglesias, hacen falta hijos que tengan el espíritu de Juan, que se recuestan sobre el pecho y oyen los latidos del corazón de su padre; pero, también, hacen falta los que tienen el espíritu de Pedro, que sacan la espada y cortan las orejas de aquellos que intentan lastimar a su padre espiritual.

Una hermana de la iglesia se acercó a mí, al finalizar la reunión, y me dijo: «Pastor, una hermana estaba hablando mal de usted en el estacionamiento, y, como hija de esta casa, me acerqué y le dije: "Te callas o te hago un arreglo dental, pero tú no vas a hablar mal de mi papá en esta casa"».

En este tiempo, el problema es que tenemos muchas personas que son miembros, pero no son hijos. Piensan en sus propios intereses; pero, no, en los de la casa de Dios.

Características de un soldado que es hijo

Los verdaderos soldados hijos se conocen porque no retroceden. Tienen cara de león, y, venga lo que venga, se vaya quien se vaya, dicen: «Yo soy un soldado».

Las características del soldado que es hijo son las siguientes:

1. Nunca abandona su posición

Me duele el corazón de pensar que hay pastores peleando la batalla solos, y la gente no se conmueve. Es en el momento de la confrontación cuando usted puede separar a los miembros de los hijos, porque logra diferenciarlos.

La lucha de su padre con su familia no es un campo para que usted agregue golpes, sino para que defienda al siervo de Dios. El reino de las tinieblas ataca a los siervos de Dios, y usted tiene que tener su espada preparada para defender a su padre. Su destino está en los lomos de ese padre al que defenderá, pero tiene que pasar de ser un miembro a un hijo. Dios lo ha puesto en ese lugar.

2. Nunca hay que tratarlo con delicadeza

A los soldados no hay que pasarles la mano para que hagan su labor. Los hijos que son soldados son valientes, no tienen temor a nada; no hay que tratarlos con delicadeza, ellos son fuertes. ¿Cuándo vio un ejército donde el sargento que está en medio de la batalla tiene que venir a la trinchera a preguntarles si están bien, si quieren un cafecito, un chocolate o si les hace falta algo? En la guerra, todo son órdenes; y, si usted no responde, esa falta de obediencia le puede llevar a una corte marcial. Hay personas que dejan de pelear, porque no los reconocen públicamente. Ese es su trabajo. Los verdaderos soldados no retroceden. Los verdaderos soldados no necesitan halagos ni que les pasen la mano por la espalda. No necesitan acumular puntos con su padre. Usted no tiene que decir lo que hace. Hacen falta hombres que sean guerreros, que sean hijos, que sepan lo que tienen que hacer.

Recuerdo que, cuando estaba en la escuela, un muchacho empezó a hablar mal de mi padre. Me enojé por eso y comencé a pelear con él. Cuando llegué a casa, mi padre me preguntó qué había pasado, por qué había peleado, si él no me había enseñado a pelear. Le conté lo sucedido y agregué: «Hoy se cumplió lo que dice la Biblia: "Es mejor dar que recibir"». No estamos hablando de violencia física, sino de agresividad espiritual. Con la misma intensidad con que defendemos y cuidamos lo que más queremos en lo físico, debemos proteger y cuidar al padre de la casa, en el plano espiritual. Hay que tomar una postura de defensa y preservar la casa y a nuestros mentores, con un despliegue de armas espirituales.

3. Nunca retroceden

Cuando el padre se mueve, el soldado se mueve. Cuando se detiene, él se detiene. David calificó como hijo, aun cuando Saúl estaba desechado; respetó la unción y la posición que tenía. También Saúl le dijo a su escudero: «Saca tu espada y mátame», pero este respondió: «No puedo hacer eso. No puedo quitarle la vida a mi padre. No me pidas que vire la espada contra ti. Yo estoy aquí para morir contigo». Entonces, Saúl se tiró sobre su espada y él se quitó la vida también. La lealtad de David y la de este escudero demuestran que los verdaderos hijos espirituales respetan la unción de aquellos que están sobre ellos.

Cuando un hijo de la casa se convierte en un soldado, le guarda las espaldas a su padre y no permite que nadie lo toque o lo dañe. El hijo que actúa como soldado debe mantenerse alerta y salir a hacer guerra espiritual, cuando la casa es atacada o el padre es rodeado por la murmuración y la detracción. Un hijo espiritual no retrocede en la oración por su pastor, sino que lo apoya con intercesión.

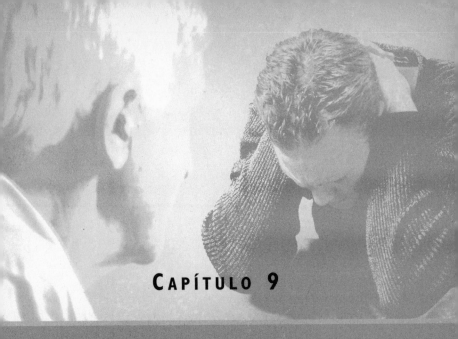

CAPÍTULO 9

JORDÁN: LUGAR DE MUERTE

CAPÍTULO 9

JORDÁN:
LUGAR DE MUERTE

«Una vez más Elías le dijo:
Quédate aquí, pues el Señor me ha enviado al Jordán.
Pero Eliseo insistió: Tan cierto como que el Señor
y tú viven, te juro que no te dejaré solo.
Así que los dos siguieron caminando».

2 REYES 2:6

El cuarto y último lugar al que usted debe ir, si quiere ser un hijo y, no, un miembro es el Jordán. Allí fue Eliseo con su padre. El Jordán es un tipo de muerte; sin embargo, cada vez que se lo cruza, es para ingresar a una dimensión mayor.

El pueblo de Israel pasó el Jordán para conquistar la tierra. David lo cruzó, huyendo de Absalón, para luego volver a su reinado. Jesús fue al él, para salir envuelto en la presencia del Padre para un gran ministerio. El Jordán es una transformación para caminar, para avanzar; es cruzar a otras dimensiones de progreso. Cada vez que se habla del Jordán, se habla de morir, de pasar por la muerte para avanzar a otra dimensión; cada vez que Dios nos lleva a otra dimensión, vamos a pasar por un proceso de muerte. Hay momentos en que los siervos de Dios tenemos que hacerlo; y el problema con los que son miembros y no, hijos es que no pueden ajustarse a las realidades, pues solo ven ideales demasiado altos. Han idealizado tanto a los hombres de Dios que cuando ven su humanidad y falibilidad se desaniman, se alejan del camino y se van de la iglesia.

Cuando el padre pasa por el Jordán, está atravesando su proceso de muerte; y es para más gloria, porque la Palabra dice que cuando somos podados es para más fruto. En ese tiempo es cuando se reconoce a las personas que nos acompañan, y comienzan a diferenciarse los miembros de los hijos. Estos son los que permanecen con el padre para cruzar el Jordán, los que están en lo alto del collado, dispuestos a levantarle las manos, en medio de su debilidad, en vez de criticarlo y decirle: «¡Mire qué flojo es, que las manos se le caen!». Los verdaderos hijos persisten al lado de su padre, diciéndole: «Yo le levantaré las manos, lo voy a ayudar en este proceso para que sea más sencillo. Usted me ha ayudado tantas veces a cruzar mi Jordán, que ahora me toca a mí, como hijo, sostenerlo por un ratito». Sin embargo, los miembros no pueden percibir qué es lo que pasa con el hombre de Dios y, en vez de apoyarlo, lo acusan de no tener fe. Pero los hijos son los que asisten al padre en sus momentos difíciles y en su humana debilidad.

CRUZAR EL JORDÁN

Este proceso es el de pasar a una nueva dimensión. Los hijos cruzarán el Jordán, no, siendo cargados, sino asistiendo. Cuando Moisés tuvo que afrontar una situación difícil, no llevó a Josué a lo alto del collado, ya que no era el indicado para estar allí con él, sino para pelear en el valle. Sin embargo, el padre espiritual debió ir allí con Aarón y con Ur, que representan sinceridad, blancura (transparencia) y sacerdocio. Estos hijos son los que verán la debilidad del líder y no lo criticarán ni señalarán, sino que levantarán sus manos para sostenerlo. Esas personas son hijos que están conectados a la casa y pueden ver la realidad, y no se escandalizan.

Hace un tiempo, tuve que enfrentar un problema familiar que fue difícil de sobrellevar. En ese momento, estaba en medio de mi Jordán, al afrontar una crisis con uno de mis hijos, y algunos miembros comenzaron a criticarme y a decirme que si yo no podía gobernar mi casa, no podía ser pastor de la iglesia. Pero cuando la Palabra de Dios hace mención a este texto, no se refiere a que el padre debe manipular a los que están en su hogar y obligarlos a hacer las cosas, sino al hecho de que debe ser guía, sostén y apoyo para su familia; sus integrantes tienen el derecho a decidir lo que quieren hacer con sus vidas.

Durante aquellos días, algunas personas me juzgaban. Y una noche, después del servicio del domingo, me quedé llorando en la iglesia. Nunca voy a olvidar que uno de los miembros, que es hijo de la casa, se quedó conmigo; pero, en lugar de recriminarme y de cuestionar mi llanto, estuvo dos horas pasándome la mano por la espalda y consolándome. Esto demuestra que hay hijos verdaderos que, al ver la debilidad de su líder, en medio del Jordán, lo consuelan y no lo condenan.

EL GIMNASIO ESPIRITUAL

Si está pasando por ese proceso, es porque más Gloria de Dios viene sobre su vida. Nunca él le dará más, si primero no pasa por su gimnasio. La palabra «gloria» o «shekina» es algo muy pesado que proviene de Dios y, como tal, no puede resistirlo, a menos que esté preparado. Si su hombre espiritual tiene músculos que no están desarrollados, cuando Dios lo hace pasar por los procesos de muerte es cuando va por el gimnasio del cielo y desarrolla su hombre interior. Pablo decía que nuestro hombre exterior se va debilitando, pero el interior se va fortaleciendo.

De ese proceso, Dios lo llevará a más gloria. La transformación que está atravesando, que parece ser una senda oscura y con dolores de parto, es lo grande que viene de parte de Dios.

Si están hablando de usted, si lo están señalando, si se están yendo de la iglesia, déjelos que se vayan. Dios lo tiene entrenando en el gimnasio espiritual; pero, en vez de llorar, seque sus lágrimas, porque viene más gloria sobre su vida.

Esto es lo que se llama «podar». Cuando Dios quiera que usted dé más fruto, lo va a podar, y usará sus tijeras para hacerlo. Es doloroso, pero necesario para dar más fruto. Si en ese tránsito a lo nuevo de Dios hay miembros que lo abandonan, es porque no entienden que usted está en el proceso de ir a otra dimensión.

La relación de hijo y padre es parecida a la de esposo y esposa, y permítame utilizar esta comparación. Cuando usted se casó, probablemente su esposo o esposa pesaba 10 kilos menos que ahora, pero ¿sabe qué lo mantiene unido a ella o a él? Su compromiso de amor verdadero. Las circunstancias pueden cambiar, pero usted sigue amando a su cónyuge. La relación de padre e hijo es igual. Usted está comprometido con el padre y el padre con usted. Esa es la relación del hijo con el padre. Usted está unido a su padre por un pacto de amor y sujeción. No importa lo que esté pasando en la vida de ese hombre, usted es su hijo.

Unción legítima

Cuando algunos ven al padre de la casa cruzar el Jordán, se quedan al otro lado y piensan: «Mi padre está cambiando. Mejor me voy y busco otro pastor». Usted tiene que estar donde está su padre. Tiene que estar en la casa donde está su padre espiritual. Ese es el secreto. No puede dejar que él cruce solo el Jordán; los hijos van con él al otro lado, más allá de las fronteras, de los límites. Los miembros, en cambio, se quedan en la ribera.

El Jordán tiene que ver con transición, y cuando lo estamos cruzando y llegamos a la otra orilla, allí encontramos la bendición.

Después que Eliseo cruzó el Jordán con Elías, este fue levantado. Cuando un hijo cruza el Jordán con su padre, está en posición de recibir lo que el padre tenía como herencia en la dimensión donde estaba; pero el hijo será llevado a una nueva dimensión.

Por lo tanto, si usted es padre, el hijo que esté cerca y cruce con usted el Jordán califica para recibir el manto de unción sobre su vida. Muchos han robado el manto, pero no funciona; no tienen unción. Lo que habilita a recibir el manto del padre es que el hijo haya cruzado el Jordán con él. Y cuando eso ocurra, el hijo ya no tendrá problemas para cruzar su propio Jordán, porque tendrá el manto que recibió como herencia, la unción del padre de la casa. Será una unción legítima, porque no fue robada sino transferida por su padre.

Eliseo recibió como herencia de hijo el manto de unción de su padre Elías y, cuando tuvo que atravesar su Jordán, esto fue lo que ocurrió:

> «Luego recogió el manto que se le había caído a Elías y, regresando a la orilla del Jordán, golpeó el agua con el manto y exclamó: "¿Dónde está el Señor, el Dios de Elías?" En cuanto golpeó el agua, el río se partió en dos, y Eliseo cruzó»
>
> 2 REYES 2:13-14

Los hijos obedientes caminarán en gran demostración de espíritu y poder, abriéndose paso con aquello que fue depositado en sus vidas. El legado de sus padres son los principios espirituales, que, representados en la capa del profeta Elías, ahora son usados en fe por hijos transformados. Estos preceptos recibidos de los grandes hombres de Dios son los que te abrirán camino y te llevarán a tierra de nuevas posibilidades.

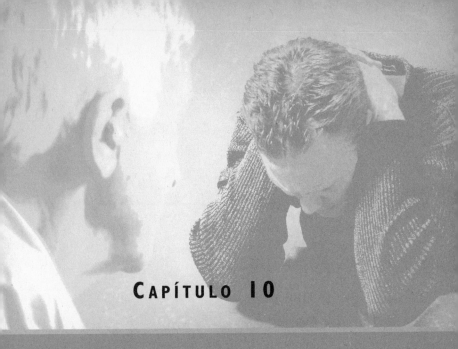

Capítulo 10

Características de la
próxima generación de hijos

Capítulo 10

Características de la próxima generación de hijos

«Vi a un hombre solitario, sin hijos ni hermanos,
y que nunca dejaba de afanarse; ¡jamás le parecían
demasiadas sus riquezas! "¿Para quién trabajo tanto,
y me abstengo de las cosas buenas?", se preguntó.
¡También esto es absurdo, y una penosa tarea!».

ECLESIASTÉS 4:8

Un gran evangelista tenía un escudero que caminaba con él; no sabía hablar, pero era un buen servidor: lo seguía a todo sitio, cargaba su maleta y lo ayudaba en todas las cosas.

Este predicador tenía algo peculiar en su ministerio: cuando llegaba a los eventos, antes de comenzar, decía, dando un golpe en el púlpito: «¡Dios está aquí!», y, al instante, empezaban a sanarse los enfermos: los paralíticos caminaban y los ciegos veían.

Un día, le dijo a su servidor: «Adelántate, toma el avión y aguárdame en aquella ciudad, donde vamos a empezar esta cruzada en la que nos esperan miles y miles de personas». Las horas comenzaron a pasar, y él no sabía nada de su jefe. El servicio estaba a punto de iniciarse, comenzaron a sonar los instrumentos, y él empezó a temblar. De repente, recibió una llamada: era el evangelista, que le decía:

—Hoy te toca predicar a ti, yo no puedo llegar.

—Pero ¿qué voy a decir? —respondió el escudero.

—Nunca es malo imitar a un siervo de Dios —le contestó.

Con temor y nerviosismo, este hombre se paró en el púlpito, temblando, porque todo el mundo lo estaba mirando, ya que esperaban al predicador. Entonces, los pastores lo presentaron ante el auditorio, diciendo: «Esta noche no vino el evangelista, pero, sí, su escudero».

La multitud estaba con gran expectativa; traían ambulancias con personas enfermas que esperaban ser sanas, y él pensaba: «Y ahora, ¿qué voy a hacer?». De repente, le salió en el espíritu la palabra del siervo de Dios, dio un golpe en el púlpito y dijo: «¡Dios está aquí!». Al instante, los paralíticos empezaron a caminar, la unción se derramó y comenzaron a ocurrir cosas tremendas; porque, cuando usted puede tomar el manto y es hijo de la casa, la unción se activa.

El plan de Dios no es que usted muera con lo que él le dio. Esta carrera no es limitada, no es de velocidad; es de relevo. Hoy, usted está corriendo una carrera que alguien corrió primero y le pasó el bastón. Después, tiene que iniciar el proceso de transición: debe transferir lo que está sobre usted a sus hijos. Pero, para pasar bien esta corrida, tiene que saber que los ingredientes de éxito de su ministerio serán el reflejo de lo que sus hijos tienen que imitar para poder alcanzarlo.

Eliseo había recibido el manto de unción de su padre; sin embargo, él no pudo transferirlo. Tenía un criado que se llamaba Guiezi, pero que no estuvo dispuesto a ser un hijo interesado en el propósito, en el plan y en el destino de Dios.

La vida de Eliseo tenía cuatro ingredientes fundamentales:

COMPASIÓN

Eliseo pasó por una ciudad llamada Sunem, y una mujer de buena posición lo invitó a comer. Desde esa primera vez, cada oportunidad en que Eliseo pasaba por allí, visitaba a esa familia; a tal punto, que ellos le habían construido una habitación en su casa, para que, cuando él fuese, tuviera un lugar preparado para descansar.

Cierto día, Eliseo mandó a su siervo a que le preguntara a la mujer qué precisaba; este le dijo que, aunque ella no se lo había pedido, lo que necesitaba era un hijo. Entonces, el profeta declaró que al siguiente año tendría un niño en sus brazos. La mujer tenía un sueño en su corazón, que se hizo realidad, cuando primero desató bendición sobre el siervo de Dios. La historia está relatada en 2 Reyes 4:8-37.

Hay ilusiones que están en usted, que no se desatarán, a menos que, primero, bendiga al siervo de Dios. La de esta mujer era tener un hijo, y Dios se lo concedió. El profeta provocó la palabra de destino sobre ella, y lo tuvo.

Pero un día, al niño comenzó a dolerle la cabeza, y cayó muerto. La madre envió a un criado a avisarle al profeta Eliseo, con prontitud. Él mandó a su siervo Guiezi, indicándole que debía poner su báculo sobre la cara del niño y esperar hasta recibir el milagro. Cuando aquel llegó, hizo lo que el profeta le había ordenado, pero no sucedió nada; el niño no resucitó. La explicación es la siguiente: Guiezi no tenía el espíritu de su padre y, por lo tanto, no pudo ministrar en esas dimensiones. En este caso particular, el profeta Eliseo tuvo que ir, personalmente, hasta donde estaba el niño. Luego, narra la historia que se acostó sobre él; puso sus manos y su boca sobre las del niño; su pecho, con el de él, y este volvió a la vida. Ahí se ve que la ministración fue en espíritu de compasión y de misericordia. No podemos ser siervos efectivos, si no tenemos un corazón compasivo y si no nos identificamos con el dolor de los demás.

Cuando el Señor comisionó a Ezequiel para predicar a los cautivos junto al río Quebar, el profeta pensaba que ya estaba listo. Sin embargo, Dios lo llevó primero hasta ese lugar y lo sentó junto a los que allí habitaban. En otras palabras, Dios quiso decirle: «No vas a ningún sitio, tú tienes que sentarte donde ellos se sientan y sentir lo que ellos están sintiendo» (Ezequiel 3:15).

No podemos pensar que el báculo de la fe resolverá todos los problemas, porque dice la Biblia que la fe es impulsada por el amor. Cuando hay amor, ella produce milagros tremendos; pero, sin él, no trabajará. Hay personas que jamás serán sus hijos, porque tienen fe, pero no, compasión. Si usted quiere ser un buen ministro, tiene que imitar la piedad de su padre. Para retener buenos hijos, tendrá que impartirles misericordia, moldearles un corazón compasivo que pueda identificarse con el dolor humano. Nosotros no somos profesionales; somos siervos de Dios, que lloramos con los que lloran y reímos con los que ríen. Guiezi nunca tuvo el corazón de Eliseo; por esa razón, no pudo ser hijo.

FE

La segunda característica que un hijo debe tener es la fe. En 2 Reyes 4:42-44, Eliseo tomó panes de primicia, veinte panes de cebada y de trigo nuevo, y le dijo a su criado Guiezi que le diera de comer a los hombres que estaban hambrientos. Lo primero que Guiezi le responde es: «¿Cómo voy a alimentar a cien personas con esto?».

Hay líderes que nunca podrán ser iguales a sus padres porque no tienen la fe de ellos. Si hay algo que debemos imitar de nuestros pastores, es el resultado de su fe. Como guía, tengo la responsabilidad de proyectar en mis hijos la fe de que nada es imposible para Dios. Cuando su líder habla negativamente, no puede ser su hijo. Los hijos de la casa están dispuestos a decir: «Papá me enseñó cómo resolver este problema. Usaré la fe que él usa». Los líderes que son hijos están dispuestos a imitar la fe de su padre. Cuando se les encomienda algo, por más difícil que se vea, dicen: «Usaré la fe que mi padre me ha enseñado».

> *«Acuérdense de sus dirigentes, que les comunicaron la palabra de Dios. Consideren cuál fue el resultado de su estilo de vida, e imiten su fe».*
> HEBREOS 13:7

DESINTERÉS

> *«Luego Naamán volvió con todos sus acompañantes y, presentándose ante el hombre de Dios, le dijo: Ahora reconozco que no hay Dios en todo el mundo, sino sólo en Israel. Le ruego a usted aceptar un regalo de su servidor. Pero Eliseo respondió: ¡Tan cierto*

*como que vive el Señor, a quien yo sirvo, que no voy
a aceptar nada! Y por más que insistió Naamán, Eliseo no accedió».*

La tercera característica que todo hijo debe tener es el desinterés. Si usted quiere ser un líder exitoso, con un ministerio de poder, tiene que tener compasión, fe y desinterés; porque si su interés es el dinero o las cosas materiales, jamás tendrá éxito en el ministerio. Me molestan las personas que siempre están diciendo: «Siembra, siembra, y nunca dan nada». El principio de la prosperidad es poder sembrar, es plantar una semilla.

Un día, escuché que le preguntaban a un boxeador qué hacía cuando lo acorralaban en una esquina del *ring,* a lo que él respondió: «Evidentemente, no tengo otra forma de salir, sino dando». Aprendí que cuando el enemigo me presiona y me encierra, la mejor forma de salir es dando. Hay momentos en que querrá tentarlo a través del dinero, pero los que están centrados en la bendición de Dios saben que el dinero no es lo que bendice, sino Dios. Dios es quien prospera.

Naamán recibió un milagro de manos de Eliseo, y quería pagarle por él. No está mal que una persona agradecida quiera bendecirlo; el problema es que una persona piense que está pagando por algo que Dios hizo gratuitamente por ella. Pero Eliseo no quiso nada, lo rechazó. Sin embargo, el criado dijo: «Qué bendición perdió este hombre, y se fue tras de Naamán y le dijo: *Mi amo me ha enviado con este mensaje: Dos jóvenes de la comunidad de profetas acaban de llegar de la sierra de Efraín. Te pido que me des para ellos tres mil monedas de plata y dos mudas de ropa»* (v. 22).

Los hijos que están dispuestos a seguirlo caminarán mostrando el espíritu que usted les ha enseñado. Cuando los hijos de la casa forman parte de su equipo, usted puede reducirles el salario, hacer cambios; y ellos no irán a ningún otro sitio, porque Dios fue quien los llamó para estar cerca de usted. Los que son hijos no están interesados en los premios, reconocimientos o halagos, sino en servir a su padre y en tener el mismo espíritu desinteresado que él.

VISIÓN

Eliseo estaba rodeado de enemigos que querían capturarlo, para que no advirtiera más al rey de Israel dónde y cuándo serían atacados. Frente a esta situación, Guiezi se desesperó y tuvo miedo: «(...) ¡Ay, mi señor! exclamó el criado. ¿Qué vamos a hacer?» (2 Reyes 6:15).

Al ver el temor que lo cubría, Eliseo le dijo:

> «No tengas miedo. Los que están con nosotros son más que ellos. Entonces Eliseo oró: "Señor, ábrele a Guiezi los ojos para que vea"» (v. 16-17).

Los hijos no necesitan eso. Ellos participan de lo que Dios le ha revelado a usted; pueden ver lo que usted está viendo, no tienen que pedirle continuamente al Señor que les abra los ojos.

Muchos de los que son miembros y, no, hijos pueden convertirse en sus peores enemigos. Deje de rodearse de personas que están a su lado y no tienen su visión. Si son hijos, tendrán la visión que usted tiene y verán lo que usted ve; entenderán lo que usted entiende y caminarán donde usted camina. A los hijos no es necesario empujarlos en la visión constantemente; no necesita reunirlos cada semana para recordársela, porque ellos ya la entendieron y pueden captar lo que Dios le está mostrando a usted.

Los hijos de la casa siguen la visión de su padre, porque ven lo mismo que él; dicen: «Yo veo a través de los ojos de mi padre la visión que Dios le ha dado». Los hijos tienen la buena visión de su padre.

Usted puede tener éxito en su ministerio y fracasar en el plan de Dios, porque en este no está usted solamente, sino también, su sucesor. Tiene que ver con los hijos que Dios ha plantado en su casa.

Guiezi no pudo ser hijo porque no estaba dispuesto a despojarse de sí mismo y, al igual que Eliseo, rasgar sus vestiduras; nunca adoptó las características de su padre, sino que se aprovechó de él y lo utilizó para su propio beneficio. Los hijos tienen que imitar a su padre y renunciar a lo que son, para llegar al nivel al que Dios los quiere llevar. El interés no debe ser el tener miembros o buenos líderes; debemos procrear hijos que puedan recibir la herencia que Dios ha preparado.

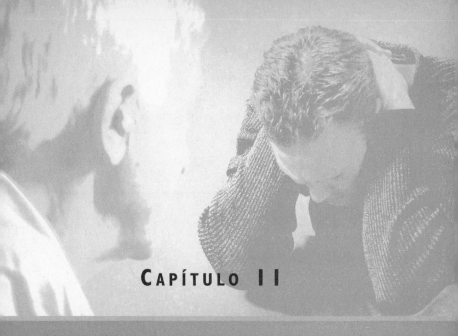

CAPÍTULO 11

LA OFRENDA DEL SACRIFICIO

Capítulo 11

La ofrenda del sacrificio

«*Pasado cierto tiempo, Dios puso a prueba a
Abraham y le dijo: ¡Abraham! Aquí estoy, respondió.
Y Dios le ordenó: Toma a tu hijo, el único que tienes
y al que tanto amas, y ve a la región de Moriah.
Una vez allí, ofrécelo como holocausto en el monte
que yo te indicaré*».

Génesis 22:1-2

Dios le pidió a Abraham una ofrenda muy especial: le
pidió lo que él más amaba, su unigénito, su hijo Isaac. El padre
debía entregar a su propio hijo, dentro de la voluntad y planes de Dios, y ponerlo en el altar de sacrificio. Esto significa
que tuvo que soltar a su hijo y dejarlo ir, como parte del propósito de Dios para su vida.

Todos pensamos que el pedido de sacrificio de Dios a
Abraham era porque, simplemente, quería probarlo. Pero el

propósito de Abraham era cuestión de pacto. Un pacto es un acuerdo entre dos partes a través del cual todo lo que usted hace por alguien, esa persona debe hacerlo por usted.

A través de este pacto de sacrificio, Dios intentó hacer ingresar legalmente a Jesús a esta tierra. Cuando Adán le entregó la autoridad de este mundo a Satanás por el pecado, perdió el dominio sobre la tierra. Así que Dios estableció un pacto (un acuerdo) con Abraham en el que todo lo que Abraham hiciera por Dios, Dios debía hacerlo, a su vez, por Abraham.

Por eso fue que Dios le dio a Abraham un hijo y luego se lo pidió en sacrificio. Pero cuando aquel levantó el cuchillo para matarlo, él detuvo su mano y reconoció que Abraham ya lo había hecho, en su corazón, por fe. Dios se vio obligado, por pacto, a entregar a su unigénito Hijo por nosotros, estableciéndose así la plataforma del calvario, y Satanás no pudo decir que era injusto. Por eso, siempre el plan y el propósito de Dios son eternos.

OFRENDA DEL HIJO

Cuando Abraham llevó a Isaac al sacrificio, Sara ya había muerto, a los ciento veintisiete años, habiendo tenido a Isaac a los noventa y uno (Génesis 23:1). Podemos calcular, entonces, que Isaac tenía, aproximadamente, treinta y seis años; y, por lo tanto, ya no era un niño sin poder de decisión. Él fue voluntariamente al altar del sacrificio. Estaba dispuesto a dar su vida para que se cumpliera el sueño de su padre. La ofrenda sería quemada. Abraham acostó y amarró a su hijo para ser entregado en holocausto. Cuando Isaac se deja atar las manos es cuando pone el servicio de ellas a la voluntad de su padre: eso es parte de su ofrenda. Al acostarse sobre la leña, está dispuesto a sacrificar su propio bienestar, sus ideales y sueños, por cumplir el sueño de aquel. El momento en que se pone la venda en los ojos es cuando deja de mirar su propia visión y objetivo, para solamente ver lo que su padre está viendo. Colocarse en el altar de sacrificio, por su padre, es la máxima ofrenda, por la que usted ya no vive para sí, sino para que se cumpla la visión de su padre espiritual.

Cuando usted es hijo de la casa, está sirviendo por los propósitos de su padre. Quizás, usted no entienda dónde va él ni tenga en claro qué es lo que está tratando de hacer, pero debe estar dispuesto a hacerlo, porque esa es la ofrenda del hijo al padre. La ofrenda de Abraham fue para Dios, pero la ofrenda de Isaac fue para su padre.

Hoy necesitamos hijos que hagan ese sacrificio, que vayan al altar y se despojen de sí mismos. El padre evidenció que ese hijo estaba dispuesto a entregarse, cuando, teniendo un gran potencial para hacer su voluntad, se mantuvo conectado a él para alcanzar su visión. Aplicando el concepto, encontramos que usted puede llegar a ser un tremendo pastor por sí mismo, o un gran predicador; pero el hijo está dispuesto a sacrificarse en pos de la visión de su padre. Eso trae recompensa, porque, en el caso de Isaac, tan pronto este se preparó para entregarse en el altar del sacrificio, apareció el cordero. El siguiente paso fue que Isaac recibió más bendición que Abraham y, además, la herencia de su padre.

Usted nunca podrá recibir su legado, si no va al altar del sacrificio. Esa transición es importante, porque, si aceptamos sumisos la voluntad de Dios, él nos levantará, como hizo con Isaac, para llevarnos a un nivel más elevado.

BENEFICIOS DE LA ENTREGA

«En ese tiempo hubo mucha hambre en aquella región, además de la que hubo en tiempos de Abraham. Por eso Isaac se fue a Gerar, donde se encontraba

Abimélec, rey de los filisteos. Allí el Señor se le apareció y le dijo: "No vayas a Egipto. Quédate en la región de la que te he hablado. Vive en ese lugar por un tiempo. Yo estaré contigo y te bendeciré, porque a ti y a tu descendencia les daré todas esas tierras. Así confirmaré el juramento que le hice a tu padre Abraham. Multiplicaré a tus descendientes como las estrellas del cielo, y les daré todas esas tierras. Por medio de tu descendencia todas las naciones de la tierra serán bendecidas, porque Abraham me obedeció y cumplió mis preceptos y mis mandamientos, mis normas y mis enseñanzas". Isaac se quedó en Guerar».

GÉNESIS 26:1-6.

La visión que Dios le había dado al padre se la confirmó al hijo, porque Isaac quien levantó y resucitó al hijo. Luego que este se sacrificó por su padre, Dios lo levantó y, tiempo después, le confirmó el juramento, el pacto que había hecho con su padre Abraham. Dios levantó a Isaac, lo resucitó a la vida.

En este tiempo, Dios va a poner en alto a los hijos que pasaron por la ofrenda del sacrificio, por amor a su padre. La Biblia dice: «*Porque el que quiera salvar su vida la perderá; pero el que pierda su vida por mi causa, la encontrará*» (Mateo 16:25). Si pierdo mi vida, ya no vivo para mis deseos y mis planes, sino que la pierdo porque la entrego en ofrenda a mi padre; pero si la gano para mi plan, entonces la voy a perder. Por cuanto Isaac estuvo dispuesto a entregarse como ofrenda personal, Dios le confirmo el pacto que había hecho con su Padre, y las promesas fueron transferidas, como herencia, a su generación.

A muchos hijos, en este tiempo, Dios les va a confirmar el pacto que ha hecho con su padre, porque han sido leales y fieles a Dios y han podido ofrecer la ofrenda del hijo… la ofrenda de sí mismos.

Palabra profética final

A los Pastores:

Desatamos para los padres una palabra de multiplicación y de fructificación. Dios traerá los hijos de tu casa del norte, del sur, del este y del oeste. Vienen tiempos gloriosos para tu ministerio, como jamás habías imaginado; porque ya no tendrás más miembros en la iglesia, sino hijos que actuarán como soldados. Y aun cuando tu ministerio haya acabado, a su tiempo, la semilla de lo que has sembrado en el corazón de tus hijos estallará para bendición de las próximas generaciones.

A los hijos:

A los hijos les decimos proféticamente que, por haber seguido en el proceso al hombre de Dios, él pondrá en sus manos la herencia de su padre. Cosas mayores que las que él ha hecho ustedes harán. Hablo palabra de extensión y de progreso: te extenderás hacia la derecha y hacia la izquierda, hacia fuera y hacia adentro, y aun más allá. Por cuanto estuviste dispuesto a ser una ofrenda para tu padre, ahora la gloria te alcanzará a ti y a tus próximas generaciones.

Acerca del autor

Dr. Edwin Santiago

El apóstol Edwin Santiago es pastor de la Iglesia «Tabernáculo de Amor», en West Palm Beach, Florida. Es graduado del Instituto Bíblico de las Asambleas de Dios y posee un Doctorado en divinidades.

La iglesia que pastorea es una de las más crecientes congregaciones del Estado, y su rápida expansión ha originado otras, en lugares como la Argentina, Guatemala, Perú, Venezuela y República Dominicana. También, cuenta con el Instituto de las Asambleas de Dios, la Universidad Visión, cuyo campus dirige su esposa, la Dra. Zelided Santiago, con siete pastores asistentes, en su congregación hay ciento veinticinco líderes y más de quince ministerios en función, y con un poderoso ministerio de Comunicaciones y Televisión.

Esta obra tiene reconocimiento en toda Latinoamérica, Estados Unidos y Puerto Rico, y es considerada por muchos una Iglesia modelo en todo el hemisferio.

El Rev. Santiago es, además, Fundador y Presidente de E.S. Ministries, que tiene como visión fomentar la obra pastoral en toda la tierra, asistiendo, sanando y ayudando a los pastores que luchan por la obra de Dios.

También, es parte del consejo pastoral de *Editorial Vida*, que, a su vez, ha publicado su primer libro *Rompiendo los límites*, de gran impacto en toda Latinoamérica, Estados Unidos y El Caribe, y su obra más reciente: *Fe Explosiva*.

Otros ministerios se han originado bajo su liderazgo y están alcanzando ciudades y naciones. Anualmente, E.S. Ministries ofrece Congresos para cada área de necesidad: *Únicas*, para mujeres; *True-Id*, para jóvenes; *Saliendo del desierto*, para solteros; y, para pastores y líderes, *Rompiendo los límites*.

Si quiere saber más acerca del ministerio, escríbanos a:

info@tabernaculodeamor.org
Visite nuestra página en Internet:

www.tabernaculodeamor.org
www.rompiendoloslimites.com

Nos agradaría recibir noticias suyas.
Por favor, envíe sus comentarios sobre este libro a la
dirección que aparece a continuación.
Muchas gracias

Editorial Vida
7500 NW 25 Street Suite # 239
Miami, Fl. 33122

Vidapub.sales@zondervan.com
http://www.editorialvida.com